淘宝网店
内容运营

内容引流方法 + 淘宝平台实战

近水思鱼◎著

人民邮电出版社

北 京

图书在版编目（ＣＩＰ）数据

淘宝网店内容运营：内容引流方法+淘宝平台实战 /
近水思鱼著. -- 北京：人民邮电出版社，2017.6（2019.1重印）
ISBN 978-7-115-45131-6

Ⅰ．①淘… Ⅱ．①近… Ⅲ．①网店－运营管理 Ⅳ.
①F713.365.2

中国版本图书馆CIP数据核字(2017)第054703号

内 容 提 要

本书通过"内容引流方法＋淘宝平台实战"的方式，从两条线讲解淘宝网店内容运营实战技巧。

一条是内容引流方法线，详细讲解了微信、微博、头条号、百度百家、一点号、企鹅媒体、QQ、易信、搜狐公众平台、网易号、网易云阅读、凤凰号、UC头条等新媒体平台的内容引流技巧。

另一条是淘宝平台实战线，全面、深入地剖析了淘宝头条、淘宝直播、有好货、爱逛街、必买清单、红人淘等淘宝内容入口的运营实战技巧。

本书结构清晰、实战性强，适合淘宝与微店店主、网店运营人员、内容创业者、网店客服以及电商行业的相关从业者阅读，同时也适合自媒体从业者、网红与相关创业者、公众平台运营者、微商领域创业者、公司文案策划人员、网站编辑等阅读使用。

◆ 著　　　　近水思鱼
责任编辑　恭竟平
责任印制　周昇亮

◆ 人民邮电出版社出版发行　　北京市丰台区成寿寺路 11 号
邮编　100164　电子邮件　315@ptpress.com.cn
网址　http://www.ptpress.com.cn
北京虎彩文化传播有限公司印刷

◆ 开本：700×1000　1/16
印张：16　　　　　　　　　　2017 年 6 月第 1 版
字数：313 千字　　　　　　　2019 年 1 月北京第 7 次印刷

定价：55.00 元

读者服务热线：(010)81055296　印装质量热线：(010)81055316
反盗版热线：(010)81055315
广告经营许可证：京东工商广登字 20170147 号

🎯 写作驱动

据第一财经商业数据中心发布的《2016 中国电商红人大数据报告》显示，2016 年红人产业产值预估接近 580 亿元人民币，远远超过 2015 年中国电影的 440 亿元票房总收入。也就是说，网红在变现能力上已经接近甚至开始超过大明星，成为商家和企业眼中新的关注点。

阿里巴巴集团 CEO 张勇表示："网红经济是新经济中诞生的一个全新经济角色，展现了互联网在供需两端形成的裂变效应。这个角色在制造商、设计者、销售者、消费者和服务者之间产生了全新的连接，展现了互联网全面融合新经济时带来的无穷活力。"

从网红的变现渠道来看，电子商务依然是最主要的商业方式，大部分网红选择了淘宝开店或者与淘宝商家合作，通过内容来为店铺引流，增加店铺的销量。

淘宝时尚生活负责人靳科表示："红人是成长于淘宝创新土壤中的最具代表性的一个群体，而淘宝平台的年轻化趋势给红人店铺带来了更多的目标消费者。未来淘宝将充分利用个性化大数据、粉丝工具、视频、社区等方式助推红人经济的发展。"

同时，阿里巴巴也抢先一步占领了内容电商高地，构建了一条网红从成长到成熟直到最终商业化的完整链路。而且淘宝未来还会从品牌保护、粉丝管理、产品支持及流量补充等多方面对电商网红给予全面支持。这是网红的机会，同时也是商家、企业和内容创业者的机会。2016 年网红出现了井喷式的发展，但这仅仅只是一个开始，对于企业和商家来说，一定要及早抓住这个机会。

十年前你错过了阿里巴巴，五年前你错过了淘宝，内容电商是你不能再错过的！

本书是一本以帮助商家、网红或个人通过内容电商促进网店销量为核心，由作者结合内容电商技巧与实战案例所打造的淘宝网店内容电商运营的实战型宝典。

💡 本书特色

本书的主要特色：全面为主＋技巧称王。

一、内容全面，通俗易懂，针对性强。本书体系完整，以淘宝网店为核心，以内容电商为根本出发点，进行了 11 章专题内容的详细讲解，包括内容矩阵、社交红利、流量入口、手机淘宝、淘宝头条、淘宝直播、有好货、爱逛街、必买清单、红人淘等，帮助读者彻底掌握淘宝网店的内容电商运营方式。

二、突出实用，技巧称王，快速传播。去除了大量基础内容，直接从干货技巧入手，同时增加了营销工具、行业案例，通过 5 大内容设计技巧 + 7 大内容电商平台 + 15 个内容引流吸粉技巧，将内容电商构建、运营平台以及行业案例全都囊括其中，立体、全方位地深入剖析淘宝网店内容电商的专业技巧。

本书内容

本书共分为 11 章，具体内容包括："内容电商：'移动＋社交'带来新趋势""内容矩阵：粉丝经济时代下内容为王""社交红利：未来一切交易都将是社交""流量入口：如何吸粉、增粉、爆粉""手机淘宝：揭秘移动时代的内容电商""淘宝头条：引领生活消费的资讯平台""淘宝直播：可边看边买，所见即所得""有好货：千人千面的流量展示新平台""爱逛街：聚集淘宝中所有最会买的达人""必买清单：做好新品引流和老品维护""红人淘：网络红人们带你去逛街淘宝"。

图解提示

本书是一本侧重于淘宝网店内容电商应用的实战宝典，书中采用很多图解的方式进行分析。图解能够方便读者对重点的把握，让读者通过逻辑推理快速了解核心知识，节约了大量的阅读成本。读者在阅读过程中需要注意图解的逻辑关系，根据图解的连接词充分理解图解想要表达的重点，以获得更好的阅读体验。

作者售后

由于作者知识水平有限，书中难免有错误和疏漏之处，恳请广大读者批评、指正。

目录 | Contents

第 3 章　社交红利：未来一切交易都将是社交

第 4 章　流量入口：如何吸粉、增粉、爆粉

第 5 章　手机淘宝：揭秘移动时代的内容电商

第 6 章　淘宝头条：引领生活消费的资讯平台

第 7 章　淘宝直播：可边看边买，所见即所得

第 10 章 ▶ 必买清单：做好新品引流和老品维护

第 11 章 ▶ 红人淘：网络红人们带你去逛街淘宝

第1章

内容电商：
"移动＋社交"带来新趋势

学前提示

无线时代，随时随地打开手机淘宝"扫货"已经成为了消费者最喜爱的购物、消遣方式，为锁定消费者需求，增加消费者黏性，商家纷纷开启粉丝营销之路，想方设法将"访客"变成"顾客"再转为"粉丝"，用内容电商打造"移动＋社交"的新商业模式。

要点展示

- ≫ 手淘商家累计活跃粉丝数破百亿，电商进入"拼粉"时代
- ≫ 社交电商，中小卖家的机会和操作方法
- ≫ 阿里 CEO 张勇：天猫 2016 年四大法宝赋能品牌商家

1.1 手淘商家累计活跃粉丝数破百亿，电商进入"拼粉"时代

2016 年 3 月 2 日，阿里巴巴商家事业部总经理张阔在 2016 商业服务生态峰会上透露，截至 2015 年年底，手机淘宝商家累计活跃粉丝数超过 100 亿，电商迎来"拼粉"时代。

1.1.1 内容消费时代来临，粉丝就是生产力

"消费者在手机端的浏览访问习惯有了明显的变化，以前用户进来或许就是搜索自己想要的宝贝，但现在用户可能会是因为要看小米的新品发布会直播，要看韩都衣舍的走秀，要听罗辑思维的演讲而'逛'手机淘宝。"张阔出席 2016 商业服务生态峰会作演讲表示。

另一组数据说明了内容对于无线电商的重要性：据张阔介绍，2015 年，手机淘宝内容型产品的关注度和浏览率明显上升，包括微淘、淘宝头条、淘宝社区（即淘宝论坛，如图 1-1 所示）、爱逛街在内的内容型平台和产品用户 UV（独立访问量）增长率都超过了 100%；消费者进入手机淘宝店铺的比例也提升了 100%；同时每个消费者浏览手机淘宝宝贝页面的次数明显增加，与 PC 时代相比增长了 3 倍以上。

图 1-1 淘宝论坛

消费者对于内容的重视让一批优质的"内容型"商家账号脱颖而出，尤其是以达人、网红为代表的新派网商在手机淘宝上受到广大用户的欢迎。

数据显示，在 2015 年淘宝女装类 C 店销售额排名前 10 的网店中，就有 5 家网络红人店铺，这些店铺的"掌柜"张大弈、赵大喜、于梦姣等均是知名网络红人，他

们拥有强大的粉丝号召力，并善于把粉丝转化为购买力。

在红人店铺的带动下，越来越多的商家在日常发布"宝贝"以外，开始尝试通过"微淘"等内容平台让消费者了解商品以外的品牌信息和知识，如图 1-2 所示。消费者也开始关注商品背后的店铺和账号，并成为这些账号的会员与粉丝。据统计，经过多年积累以及过去一年的爆发增长，截至 2015 年年底，手机淘宝商家累计活跃粉丝数已超过 100 亿。

图 1-2　"微淘"内容平台

"很明显，无线时代的电商运营已经从单纯的卖货、促销进入到拼粉丝时代"，清华大学企业成长与经济安全研究中心研究员崔瀚文表示，"粉丝量是否超过 1000个，已经成为商家是否实现了无线转型的标志，如果一个商家在手机淘宝上拥有的粉丝超过 1000 个，那他在无线端可能会取得完全不一样的商业结果。"

1.1.2　手淘要做视频直播，继续升级内容平台属性

新消费时代的到来给淘宝的商家和合作伙伴提出了更高要求，更多的店铺开始尝试在无线店铺页面内嵌入更多互动性内容，让消费者在逛店期间，做到可看、可玩、可消费。

韩都衣舍的创始人赵迎光透露，韩都衣舍有专门运营微淘粉丝的团队，每天编辑不同的资讯、话题、直播内容来吸引用户，如图 1-3 所示。

据悉，目前韩都衣舍专门做无线内容及与粉丝互动的团队就有 180 人，数据、视觉、策划、推广等都有明确分工。

图1-3 韩都衣舍"微淘"店铺动态内容

变着花样"发红包"是商家无线内容运营升级的另一种表现。2015年双11期间，消费者既可以在手机淘宝搜索"密令红包"抢"红包雨"，也可以进入某家店铺后通过"狂欢城"玩游戏拿红包，还可以进入手机端店铺"微淘"页面参加盖楼、猜猜乐等游戏领互动红包，甚至通过分享商品和店铺链接获得"裂变红包"，如图1-4所示。十多种抢红包方式不仅提升了用户的消费体验，也让消费者与商家之间的互动更加密切。

图1-4 "裂变红包"

手机淘宝高级无线技术专家徐昭在峰会透露，2016年手机淘宝会继续升级内容平台属性，比如将很快上线多媒体视频平台，支持商家通过手机淘宝来进行"新品发布""视频拜年""走秀直播"等强化内容属性的活动。

1.1.3 无线开发者和服务商迎来新商机

早在 2013 年，手机淘宝"微淘"平台就开始向第三方提供开放接口，允许商家、达人、网红、自媒体及第三方开发者通过微淘平台创作与生产内容。

2015 年，阿里巴巴尝试全面开放手机淘宝无线端接口，解决商家在无线引流、店铺装修、营销、互动、会员管理、数据分析等方面的问题，许多第三方开发者也抓住了无线端开放的机遇，掀起一轮基于淘宝无线端的"创业潮"。

以火舞游戏为例，2015 年"双十一"期间，火舞游戏与天猫合作，帮助设计天猫"互动城"，其为品牌商定制的"抓钱""喵喵爱飞行""金银岛（如图 1-5 所示）"等 10 款互动游戏，吸引了近 3 万家天猫旗舰店参与。

图 1-5　"金银岛"互动游戏

据悉，在天猫"双十一"狂欢城中，仅一款"抓钱"游戏的单日 PV（页面浏览量）就超过 1 亿，10 款游戏每日页面浏览量接近 3 亿，有效为商家发放了优惠券和红包，并带来大量的关注者和下单量，如图 1-6 所示。

据介绍，2016 年，手机淘宝将对外开放更多的无线端接口以及无线店铺、详情页、微淘等核心链路，让开发者实现手淘内创业，让商家实现内容自运营。同时打造内容开放平台，与更多第三方媒体如优酷、微博等互动，为内容生产者提供更强的内容变现能力。这不仅是商家的机遇，也是广大无线开发者和服务商的新商机。

图 1-6 天猫"双十一"狂欢城

1.2 社交电商，中小卖家的机会和操作方法

如今，不管是淘宝官方，还是各种媒体都在讲社交化电商，都在讲网红和淘宝达人，这让很多商家很迷茫，还没搞懂以前的电商怎么做，忽然发现跳出了很多新的名词，不知道这是要闹哪样？不知道怎么去操作，一切都没有方向了。

互联网的移动化以来，各个平台的流量都在往移动端走，淘宝也是一样，但是移动端遇到一个最大的难题就是碎片化。用户在大量的平台上进行登录操作，这样就浪费了很多时间，而对于这些平台来说，收集到的流量也非常分散，淘宝上的流量也特别碎片化，手机淘宝打开率低，首页停留时间比较短，跳转率非常高，购物时间很短，每个人都有了个性化的选择产品，而原有的流量也不够更多的商家去分，这就导致淘宝用了千人千面的方式让消费者更加个性化地选择，也让站内的流量更加细化，使得多个流量入口被打开。为了迎合这个变局，淘宝开始用社交来作为一个导购入口，在首页给消费者导购，这就是淘宝达人。

近水思鱼团队从 2013 年起就一直研究无线端的手机玩法，2014 年就开始做无线社区，他们从中获得了很多经验，总结出了很多社交化电商的经验技巧和操作方法，给一些中小卖家带来更多的机会。在这里分享出来让更多的商家尤其是中小型卖家从中看到前景。

1.2.1 爆款弱化

爆款弱化主要体现在电商的社交化和去中心化两个方面，以前的大爆款很难聚集那么多流量，所以，很多小卖家就有了和大卖家单品竞争的机会。

以前一个大卖家动辄几万件的销量能把很多小卖家比下去，现在他们很难达到那么大的量，这就等于大家都可以单品同起跑线竞争。

1.2.2 产品细化

由于消费者更加个性化的选择，小卖家可以花更多的时间去做好一两个款的产品，这样有针对性地维护消费者，让你的产品更加有优势。你就做好目标人群的选品，不要怕浪费时间，用几个月时间去寻找你目标客户所需要的产品。

1.2.3 流量入口多元化

现在千人千面的展示，会让你的产品也有自己的渠道，不再像以前只有一个搜索、直通车、钻展入口，那时候只要搜索排名上去，流量就会跟着上涨。而现在，每个消费者看到的都不一样，他们在不同地方，不同的场景，不同的手机上看到的都不一样。你只要做好了产品定位，就打开了自己人群的入口。

1.2.4 流量推荐

现在只要消费者浏览一个产品，淘宝就会默认推荐他很多相似的产品，如图 1-7 所示。

在淘宝的个人主页界面，"根据浏览，猜我喜欢"会根据用户的浏览记录，推荐一些合适的商品，这对于商家来说，是一个很大的流量曝光机会，而且还是更精准的曝光。

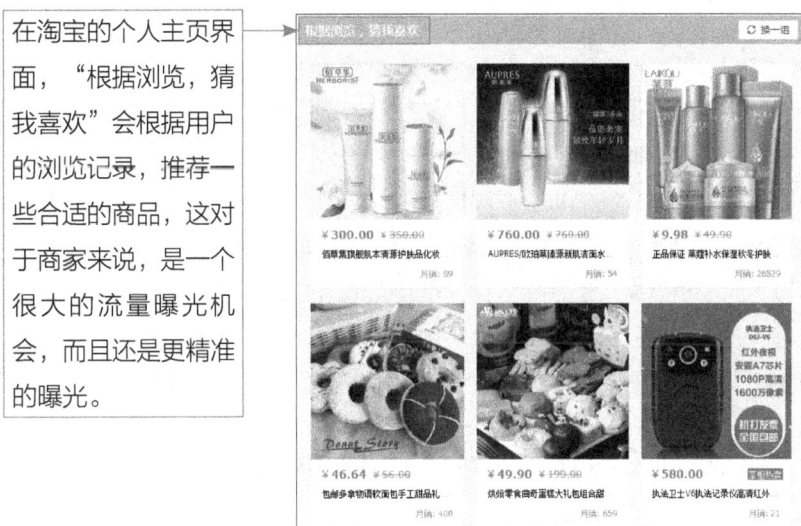

图 1-7 淘宝推荐的产品

因此，对于商家来说，现在只要你把你的产品和消费者的体验做好，将老顾客维护好，将店铺评分和售后指标做好，将产品的调性做好，将社交的入口做好，那你的产品就有可能被推荐。

1.2.5　费用降低

以前要想做好一家店铺，商家必须做好整个店铺的装修，花大量的钱去拍摄装修，这一块现在基本上不用那么麻烦。因为手机淘宝现在的产品多以单个宝贝为入口，因此商家只需要做好自己主推产品的描述就好了，店铺甚至就不用怎么装修了，这个对很多小卖家和不会设计的人来说，节省了很多开支。

除了店铺装修费用外，店铺的推广费用也得到了进一步降低。以前淘宝都是做产品的基础推广，必须要开直通车和钻展等入口进行引流，现在不需要这么麻烦，你可以通过社交的推广，把你的产品让消费者选择，并且长期引导消费者购买，虽然节奏慢了一点，但是却不用费心去学习技术的推广，不用花上那么大一笔钱。其中，微信、微博、手机 QQ 群等都是不错的社交推广工具。

1.2.6　社交门槛不高

对于很多人来说，和人打交道就是与生俱来的本领。社交就是教你如何和你的客户做朋友，如何做一些他们感兴趣的分享，如何让他们帮你传播你的美名，这些并不需要你具有特别的逻辑思维能力，而是需要你的情商和你的用心。我想只要你肯花时间和精力，你一定能做好社交。

1.2.7　重新开始

现在社交电商对于很多商家来说都是空白，不管是大卖家，还是小卖家，你都有机会。你可以看到，很多大卖家也在迷茫这块怎么入手，你有了一次和电商刚开始的时候一样和他们同时起跑的机会，这是以前很难遇到的，不管是知识面，还是人才方面，他们都不比你强，你完全有机会做一个小的超越！

所以，对于小卖家来说，你觉得这个社交电商给你带来了一块巨大的奶酪还是一包毒药呢？答案是明显的，这肯定是所有卖家的一块奶酪，一个再次创业的机会，不管你是大卖家还是小卖家，只要你努力抓住这个风口，飞起来的就是你。

1.3　阿里 CEO 张勇：天猫 2016 年四大法宝赋能品牌商家

2016 年 3 月 1 日，来自全球各地的 800 多位天猫商家来到阿里巴巴西溪园区，阿里 CEO 张勇与商家沟通制定了天猫新电商战略，如今天猫成为一个消费者连接通道的时机成熟，并成为品牌全面互联网化的基地和助推。

2016 年，天猫将提供四大法宝赋能商家：向商家提供打通线上线下的"三通"，即会员通、商品通、服务通；将整合阿里的泛媒体平台，向商家提供中国最好的全渠道营销工具；将提供更强大的无线商家运营工具；将开辟农村、全球、企业采购三大新市场给品牌及商家。

1.3.1　向全部商家提供线上线下"三通"

近年来，天猫坚定不移地做企业电子化的助推器，与商家在线上线下实现三通——商品通、会员通、服务通。这对于商家的意义在于，天猫不仅是他们线上经营的阵地，也是他们升级零售商业的阵地。图1-8所示为天猫APP。

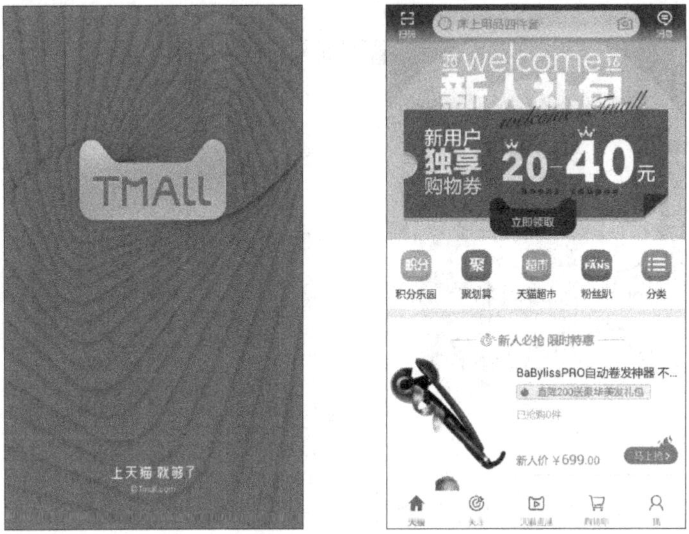

图1-8　天猫APP

张勇介绍，在会员通上，天猫通过运营多年积累的消费者大数据，实现会员的精准洞察和深度挖掘，帮助品牌商更好地为用户提供服务。

随着商家在线上线下商品端的打通，全渠道货品实现真正的共享——不仅是SKU的共享，更重要的是库存的共享，围绕着价格的共享，围绕商品的这些要素的共享。

张勇断言，几年前流行的网络专供款未来会消失。"我一直认为这是特定历史时期、特定变革时代的一种产物，对于所有的原来早进入企业的网络专供款来讲，它们终将成为历史。"

而服务是整个消费体验当中必不可少的一部分。张勇认为，"如何打破物理空间的区隔，实现服务上的一种互通，我想对很多的特定的行业是非常非常必要的！"

1.3.2　整合泛媒体平台向商家提供全渠道营销工具

阿里巴巴无疑已经建立了全球最领先的消费类媒体——淘宝、天猫、天猫国际、农村淘宝、速卖通等覆盖国内外所有触达消费者的电商媒体集群。

除此之外，阿里巴巴通过投资、并购的方式，围绕电商生态圈打造媒体矩阵，包括微博、优酷土豆、UC头条、神马搜索等覆盖文字、声音、视频全媒体形态。阿里巴巴提供给商家的营销工具主要有7个：旺铺、专栏、阿里头条、商友圈、生意经、商人视频、阿里旺旺。

（1）旺铺：可以分为普通旺铺与诚信通旺铺两类，可以帮助商家展示产品信息。其中，诚信通旺铺通过优化的搜索引擎系统，可以让产品更容易被消费者找到，图1-9所示为诚信通的功能介绍。

图 1-9　诚信通的功能介绍

（2）专栏：专栏其实就是以前的博客，是一个自媒体平台，具有强大的营销力量，商家可以在这里分享企业故事以及自己的人生经历等内容，可以让用户全方位地了解你，如图1-10所示。

图 1-10　阿里巴巴专栏

（3）**阿里头条**：阿里头条与专栏比较类似，是采用软文营销的方式，但阿里头条可以将所有文章集中在一个平台上，方便读者阅读，这样不但可以增加文章的曝光度，而且有利于读者在短时间内了解商家或产品，其主页面如图 1-11 所示。

图 1-11　阿里头条

（4）**商友圈**：这个平台会根据行业、产品和地域等垂直领域来细分不同领域的人群，可以带来更加精准的推广效果，其主页面如图 1-12 所示。

图 1-12　商友圈

💡 **专家提醒**

　　商家可以在商友圈中加入多个不同的商友圈，如论坛圈、热门圈、原材料、工业品、服装服饰、家居百货、小商品、商务服务、网商沙龙、官方圈、本地圈等，而且还可以创建属于自己的商友圈。在商友圈中通过内容进行引流时，可以将链接嵌入文章中，将流量导入到店铺中。

（5）**生意经**：生意经是一个类似于百度知道的问答互助平台，如图 1-13 所示。对于新手商家来说，可以将自己在开店过程中遇到的问题发布到这个平台上，很快就会有热心网友来替你解答。当然，对于有丰富经验的商家来说，也可以积极回复相同行业的新手问题，这些人极有可能都是你的潜在客户。

图 1-13　生意经

（6）**商人视频**：商人视频也是一个内容电商平台，如图 1-14 所示，但门槛比较高，需要商家在阿里巴巴上有一定的业绩，或者其本身是比较有名的专家、企业高管以及网络红人等。商人视频可以产生不错的影响力，同时也能为店铺带来不小的销量。

图 1-14　商人视频

（7）**阿里旺旺**：实质上是一款专门用来为买家服务的聊天软件，其功能与 QQ 比较相似。其实，阿里旺旺也有不错的营销功能。

- 主动寻找客户：商家可以通过阿里旺旺主动联系在线的陌生人，通过交流促成订单交易。

- 利用群发功能：商家可以将阿里旺旺上的联系人进行分组，然后针对不同的组群发软文内容或者产品信息，来为店铺或产品引流。
- 旺旺群营销：与 QQ 一样，商家也可以在阿里旺旺中创建旺旺群，或者加入别人建立的旺旺群，然后在群里进行内容营销，当然，最好采用软文的形式。

对于商家来说，要学会利用阿里巴巴提供的这些营销工具，全面撒网，才能收获更好的效果。

另外，利用大数据，电商平台和媒体平台也发生了奇妙的化学反应。"数据是相通的。无论是投资微博，还是投资优酷，我们做的第一件事就是打通 ID，这样能够更好地让商家获取目标消费者，从而去运营他们目标的消费者。"张勇如是说。

张勇进一步表示，"今天所谓电商一定会走向一种全渠道的销售结果，但是全渠道的销售一定是以全渠道的用户管理为前提的，只要我们做到全渠道的用户管理和用户运营，一定能够做到全渠道的销售。天猫未来将依托阿里大的平台、大的生态体系，形成一种电商媒体，和我们的媒体平台形成联合的互动。"

1.3.3 天猫将提供更强大的无线商家运营工具

"今天已经完全在无线互联网时代了，我们怎么样能够为我们商家提供完全是基于无线时代的工具和服务，能够让大家更好地运营大家在网上的生意，这个是天猫乃至阿里的商家服务团队需要打造的东西。"张勇坦言。

作为全球第一大移动生活平台，阿里巴巴 2015 年第四季度财报提供的数据显示，移动月度活跃用户达到 3.93 亿，占整个中国手机网民的 64%。阿里巴巴正在基于全网数据、商家跨渠道数据、第二方数据，为商家提供多样化的产品和全链路解决方案。图 1-15 所示为阿里巴巴提供的市场、产品和服务。

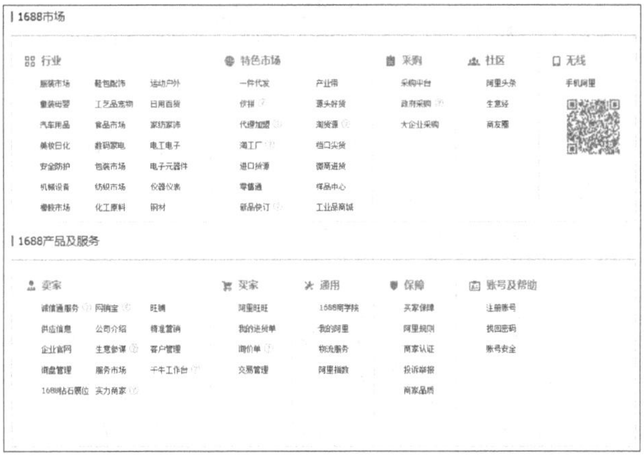

图 1-15　阿里巴巴提供的市场、产品和服务

无线时代和移动营销的全面兴起，必须伴随着营销工具的升级。以往 PC 端所采用的 CRM（客户关系管理）系统在无线端难以实现。张勇表示，"对阿里无线化来讲有非常重要的三个方向，我们希望在无线化里面实现我们的社区化，实现我们的内容化，和实现我们的生活服务化。"图 1-16 所示为手机阿里客户端。

图 1-16　手机阿里客户端

张勇以内容举例，随着自媒体的发展，出现了大量的内容生产者，他们也许不生产商品，但是他们本身代表了一种生活方式，或者代表了一种兴趣爱好。因为他们聚集了一批相当多的粉丝，同时因为他们每天面对这些粉丝产生内容进行传播，所以形成了由达人到粉丝再到内容最后到商品元素的结构。

1.3.4　天猫将给商家开拓全球、企业采购、农村三大新市场

全球化、农村、云计算和大数据是未来五到十年间阿里巴巴的基本战略。张勇说，"围绕着全球化、农村，我们会在天猫上面带来很多新的机会。"

1. 全球化

全球化方面，阿里巴巴推出了天猫国际的业务，全球商家通过该平台触达国内庞大的消费市场，无线端如图 1-17 所示。

天猫国际采用"原装进口 + 原产地直供"的货源模式，让海外商品触手可达。

除了帮助国际的商家找到中国市场外，阿里巴巴正在帮助国内的商家走出去，打开全球市场的版图。张勇表示，未来几年全球化重要的工作是依托阿里全球化的贸易大平台速卖通，帮助我们商家走到海外去。

据了解，全球速卖通将陆续对天猫商家进行详细的调研和资质审核，对已具备走向全球的商家定向发出入驻邀约，为商家提供翻译、选品参考等多项全球销售工具和

服务，与菜鸟物流一起为商家提供跨境物流解决方案，助力天猫商家实现全球化。

图 1-17　天猫国际频道

从 2010 年 4 月正式上线以来，全球速卖通每年交易额增速均超过 300%，买家遍布全球 200 多个国家和地区，其优势如图 1-18 所示。速卖通在俄罗斯、西班牙、意大利、荷兰、加拿大等上百个国家均为排名第一的在线购物平台。

2. 企业购

值得一提的是，天猫还推出全新的业务——企业购，如图 1-19 所示。张勇表示，大家彼此互成消费者，互为供给方。

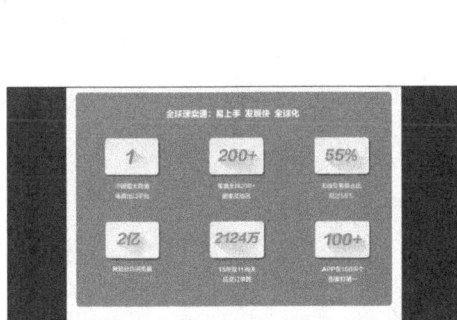

图 1-18　全球速卖通的优势分析

图 1-19　天猫企业购

3. 农村淘宝

而广袤的农村市场不仅是国际商家看重的极具消费潜力的市场，也是国内商家急需拓展的增量市场。农村淘宝和天猫进一步打通，帮助商家实现货品通，提高供货效率，如图 1-20 所示。截至目前，农村淘宝村级服务站点已经覆盖 27 个省份，覆盖14000 多个村点。

图 1-20　农村淘宝平台

张勇说，"这个刚刚起步。当然，我们会从最重要的一些地方，一些人口密集的地区开始。这个网络能够帮助我们的商家，能够通过一个崭新的互联网和地面推广相结合的网络，去触达农村的消费者"。

第 2 章

内容矩阵：
粉丝经济时代下内容为王

互联网的兴起让媒体环境变得更加多样化，而"内容营销"则被加冕为"营销策略之王"，越来越多的企业和个人加入内容矩阵中，同时运用粉丝经济实现内容变现。那么，内容到底是如何改变电商形式呢？内容电商又该如何盈利？如何设计？

学前提示

要点展示

≫ 深度对比：内容电商 VS 传统电视
≫ 电商形式：内容电商的三大类型
≫ 盈利模式：内容变现的多种"姿势"
≫ 电商场景：内容是运营用户的方式
≫ 内容设计：如何提高电商转化率

2.1 深度对比：内容电商 VS 传统电商

过去，淘宝、京东等都属于典型的交易型电商，也就是买家和卖家之间只是一种简单的交易关系。而到了内容营销时代，电商尤其是消费者的消费心理和购物行为，也发生了翻天覆地的变化，消费者不再是简单地关注商品性价比，更多的场景可能是消费者悠闲地看着淘宝达人直播，或者自媒体文章，从中找到自己喜欢的商品。

因此，本节将从 4 个方面对比内容电商和传统电商的区别，帮助大家彻底认识内容电商。

2.1.1 单一 VS 多个

当某个商品出现在消费者眼前时，通常有图 2-1 所示的两种典型电商场景。

图 2-1 两种典型电商场景

如图 2-2 所示，在淘宝上搜索"毛衣女"关键词时，可以得到很多结果，此时消费者就需要对每个商品去进行评估，才能得出自己最终的购买决定。

图 2-2 传统电商的多个评估案例

而在内容电商上，这个评估就显得非常单一，消费者通常只需要根据内容来决定买或不买即可。如图 2-3 所示，当消费者看到这篇内容时，基本上就是一个单一评估的状态，只需要根据内容分析图中的商品是否适合自己，来决定是否购买。

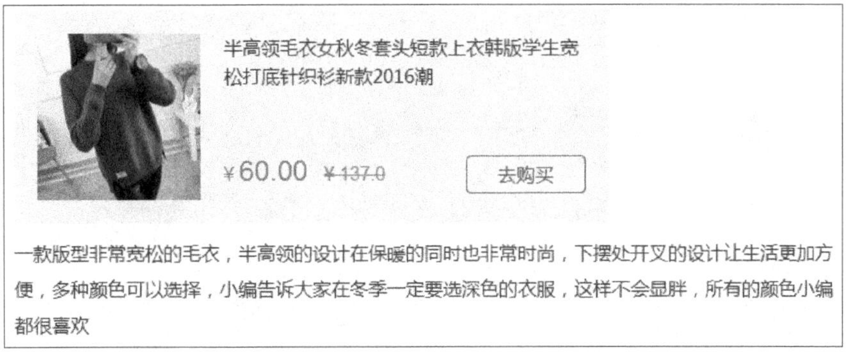

半高领毛衣女秋冬套头短款上衣韩版学生宽
松打底针织衫新款2016潮

¥60.00 ¥137.0   去购买

一款版型非常宽松的毛衣，半高领的设计在保暖的同时也非常时尚，下摆处开叉的设计让生活更加方便，多种颜色可以选择，小编告诉大家在冬季一定要选深色的衣服，这样不会显胖，所有的颜色小编都很喜欢

图 2-3　内容电商的单一评估案例

💡 专家提醒

在内容电商中，可以通过图文并茂的形式加上详细的文字解说，让用户真切体会内容带来的乐趣和时尚感。

2.1.2　销售 VS 设计

如图 2-4 所示，为内容电商与传统电商的第二个区别所在。

根据商品的设计感、质感以及适合程度等条件来决定

内容电商

传统电商

根据商品的销量、参数、信用、价格等销售数据来筛选

图 2-4　销售 VS 设计

在传统电商时代，消费者购物时的选择心理通常都是比较理性的，可能会对商品的材质、尺寸、制作工艺等多方面进行对比。例如，消费者在购买手机时，参数这个商品销售属性就具有很大的优势，如 4G 网络、主屏尺寸、CPU 频率、摄像头像素、

CPU型号、电池容量等参数，都成为很多人选择手机时必须参考的一些标准，如图2-5所示。

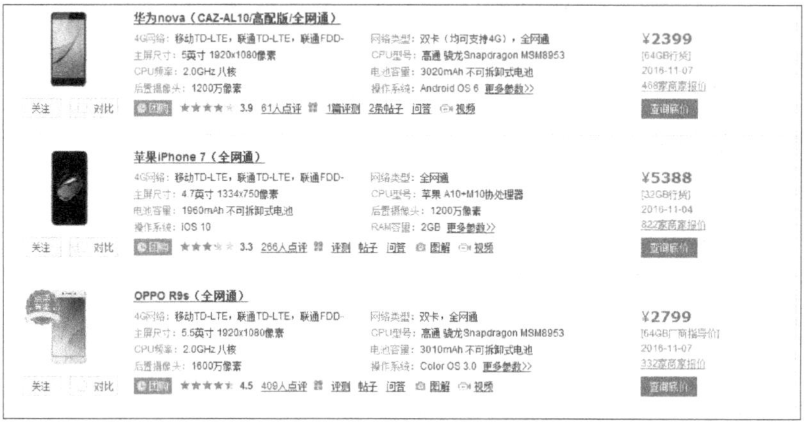

图2-5　选择手机商品时消费者会对多个参数进行对比来筛选

而在内容电商中，也许消费者同样会关注商品的一些销售属性，但绝不会陷入选择困难的境地，因为他们通常会用自己的"主观意愿"来评价这个商品好不好，再加上内容的引导，可以直接产生销售行为。

例如，同样是买手机，消费者可能只会关注一款手机，例如小米手机就形成了一种特有的"粉丝文化"，并打造了一个小米社区，在其中聚集大量的粉丝群，他们十分狂热地追捧小米，如图2-6所示。

图2-6　小米社区

小米手机这个产品很符合内容电商的精品属性，例如，小米官网经过了3次比较大的改版，而每次改版最重点的区域就是图片内容的呈现方式，利用产品图片来体现产品的设计感和品质，让人看到就想拥有，如图 2-7 所示。

图 2-7　小米官网上的图片内容

　　总的来说，销量、品牌等商品信息是传统交易型电商的重要因素，而原创设计则是内容电商评估的重要标准。在内容电商中消费者更多的是凭自己的直觉去选择，因此，"销售 VS 设计"的对比也可以看成是"理性 VS 感性"的对比。

2.1.3　价格 VS 品质

　　在传统电商的多个商品同时评估状态下，性价比强的商品往往可以获得不错的销量；而在单一评估的内容电商中，成本不再是禁锢商品的枷锁，消费者通常会更任性，此时商品的品质也顺理成章地成为了他们看中的因素。

　　因此，这就造成了内容电商与传统电商的第 3 个区别，如图 2-8 所示。

图 2-8　价格 VS 品质

　　在传统电商中，高端产品、享乐产品等类型的商品销量明显不如低端产品，这就是因为人们可以对比多个商品的价格和功能，物优价廉的东西自然会更受欢迎。而在内容电商中，消费者会保持专注甚至会追求极致，因此原来很难卖出去的高端产品、享乐型产品会更容易卖。

例如，"果粉"（苹果用户的昵称）、"米粉"（小米用户的昵称）等之所以愿意为产品摇旗呐喊，主动传播，就是因为这些产品解决了用户的痛点、痒点、兴奋点，用户愿意快乐地分享，从而"引爆流行"。如图 2-9 所示，iPhone 7 Plus 售价在国内比较高，但仍然可以获得很高的销量，甚至还需要预约才能购买。

图 2-9　苹果官网

2.1.4　主动 VS 被动

传统电商的典型消费心理是"主动寻找"，而内容电商的典型消费心理是"被动接受"，如图 2-10 所示。

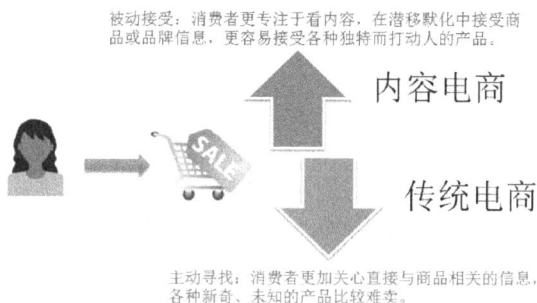

图 2-10　主动 VS 被动

例如，你想购买一个耳机，会在大量的耳机相关的商品中进行比较，同时对耳机相关的信息非常敏感，如图 2-11 所示。此时，若看到一个名叫"Solo3"的新型产品，也许你根本就不会关注，实际上它是苹果公司发布的一个新型无线耳机，如图 2-12 所示。

图 2-11　主动搜索耳机商品

今天早些时候，苹果又发布了新品，其外形十分骚气，而它就是新的RED版Beats Pill+扬声器和Beats Solo3无线耳机。

不管苹果有什么说辞，iPhone 7在干掉3.5mm耳机接口上，他们盘算了好久，毕竟这可以为其带来不少创收，而配件这块的利润一直都很可观。除了AirPods外，苹果还在为iPhone 7搭建更好的无线音频装备，比如今天发布的Solo3无线耳机，主打年轻时尚人士。

据悉，Beats Solo3无线耳机售价为299.95美元，折合人民币约2050元，Beats Pill+扬声器售价为229.95美元，折合人民币约1550元，而前段时间，苹果还发布了紫色的urBeats和Beats Solo 3无线耳机。还要注意的是，苹果一直是(PRODUCT)RED慈善的合作伙伴，并推出了很多款(PRODUCT)RED产品，其营收将用于全球范围内的艾滋病和HIV研究教育。

图 2-12　新型无线耳机

　　图 2-11 所示的案例就是典型的传统电商消费者的购物心理，他们可能更容易关注耳机这个商品的本身信息，而不是主动好奇地去寻找有哪些更好的新产品。然而，

在内容电商中，消费者可能本身并没有购买耳机的意思，但通过看内容则更容易在心理上接受这种新型的无线耳机。

2.2　电商形式：内容电商的三大类型

内容电商让消费场景发生了很大的变化，它主要通过一些吸引人的内容来催生用户的消费行为，不但可以降低电商的渠道成本，而且还能够激发用户需求，使用户对产品建立信任度，从而增加用户黏性。

当然，内容电商并不是一个固定的模式，它主要包括 UGC 口碑体验、PGC 专业内容以及主题式推荐等 3 种类型。

2.2.1　UGC 口碑体验：小红书

UGC（User Generated Content，用户原创内容）口碑体验也称 UCC（User-created Content，用户创建的内容），如各大论坛、博客和微博等站点都属于 UGC，由用户自行创作内容，网站管理人员只是协调和维护秩序，通过内容来协助企业或产品实现口碑营销，典型代表有小红书。

小红书是分享型的社区电商平台，海量的 UGC 内容是其最大的优势，并且通过深耕社区内容成功转型为电商，如图 2-13 所示。

图 2-13　小红书社区电商平台

UGC 模式的海外购物分享社区是小红书的主要功能定位，通过社区收集了大量真实用户的商品口碑，并通过这些社区用户主动帮助平台发现新的优质商品，如图 2-14 所示。这一点也是其他平台很难复制的地方，这种模式极有可能进化为移动电商的终极形态。

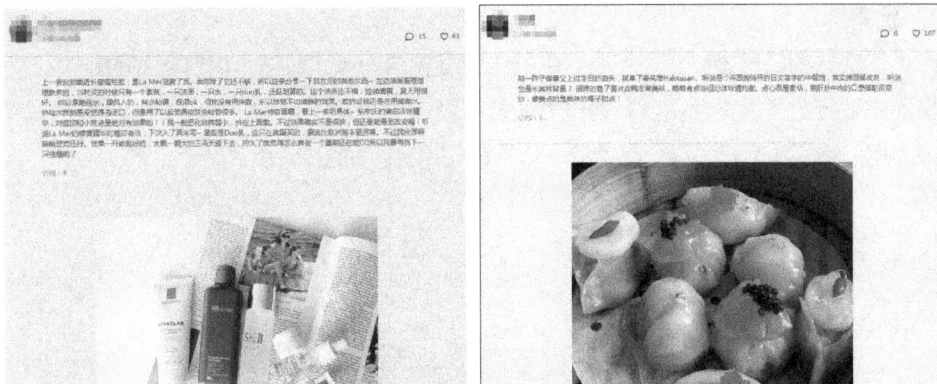

图 2-14　真实用户的商品口碑内容分享

另外，小红书通过海外直接采购商品，并建立多个自营保税仓来备货，通过电商平台"福利社"上架商品，省去了多层代理，让利给消费者，如图 2-15 所示。

图 2-15　小红书"福利社"

对于小红书来说，这种真实用户的 UGC 口碑分享为其带来了极高的转化率，而且整个社区电商平台形成了一个巨大的用户口碑数据库。同时，小红书也将这些数据进行分析处理，将其作为采购商品的依据，从而形成一种良性循环，提高销售额。

2.2.2　优质的 PGC 内容电商：优集品、清单、好物

PGC（Professionally-generated Content，专业生产内容）不但可以共享高质量的内容，而且提供商还无须为此给付报酬，因此受到各大电商平台的欢迎。

这种内容电商平台的典型代表有优集品、清单、好物等，它们有一个共同特点，即在某些细分领域深挖内容，使自身的知识储备和技能高人一筹，并以此为基础创作更多、更专业的优质内容。

1. 优集品

优集品的口号是"更高品质，更好生活"，这一点比较符合内容电商的定位，优集品主要经营各种生活百货，通过为消费者带来更有设计感与品质且更优惠的商品，成为用户购买国际知名设计品牌的一个不错的平台，如图 2-16 所示。

图 2-16　优集品主页

2. 清单

对 PGC 内容电商形式来说，专业度不但是评价其成功的标准，同时也是让用户产生好感和信任的内容基础。例如，你卖的是美食，那么你的专业首先就体现在美食上，懂得如何制作各种美食菜肴。

例如，在清单中，美食就有 3 个标题，包括《把花做成美食的秘诀在这里》《这家伙，折叠能做帕尼尼，平摊兼任烧烤架》《水果分切烦、坚果剥壳难，8 件工具来帮忙》，如图 2-17 所示。

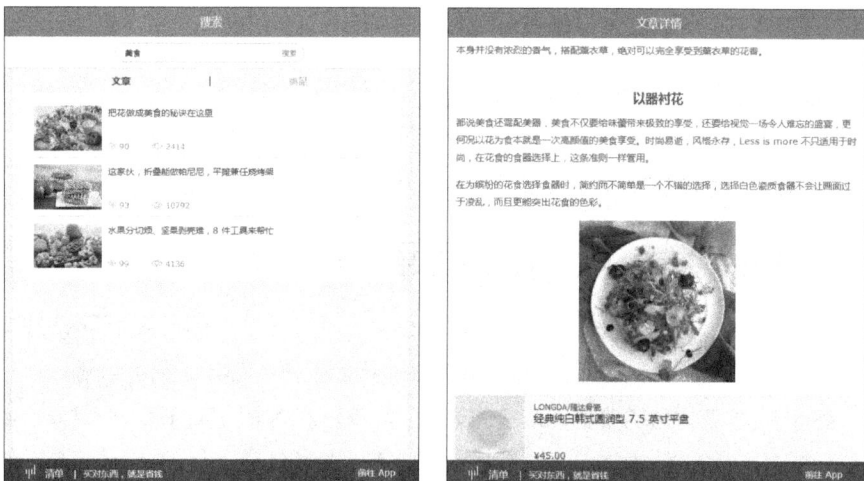

图 2-17　清单中的美食相关内容

3. 好物

好物是一个主营出口家居品的电商 APP，为用户提供个性化的消费场景和购物体验，用户可以使用 APP 边看内容边买商品，发挥自己的灵感通过 APP 真实搭配家居商品，如图 2-18 所示。

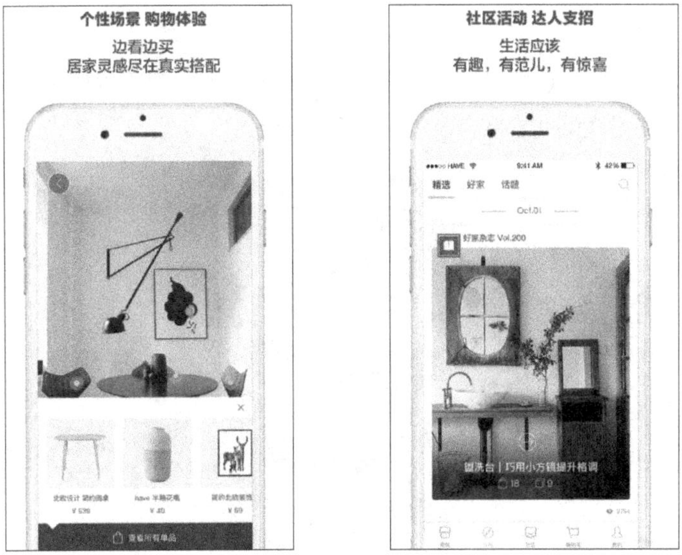

图 2-18　好物 APP

同时，好物 APP 还入驻了搜狐公众平台，通过这些新媒体平台产生很多比较实用的家居内容，为电商平台进行引流，如图 2-19 所示。

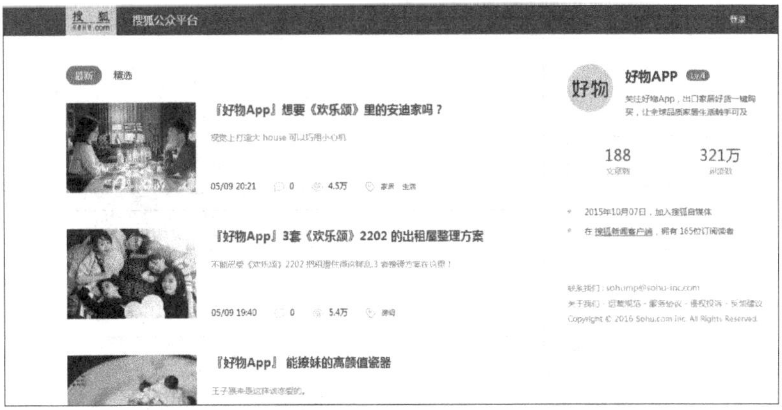

图 2-19　好物 APP 搜狐公众平台主页

其实，这些 PGC 内容形式与传统媒体的性质比较类似，都是通过从各个领域的细分市场来纵向深挖内容，为消费者带来真正有价值的内容。

2.2.3　主题式推荐：氧气、步履不停

主题式推荐的内容电商典型代表有氧气、步履不停、新氧、enjoy、医美推荐、乐纯酸奶等，它们属于一种比较小众的电商平台，通过小而美的内容来吸引那些有相同需求的用户，更加强调归属感和共鸣感。

1. 氧气

打开氧气 APP，我们可以看到页面的排版非常精致，文案也写得比较讨人喜欢，给人的感觉就像是翻阅一本杂志，如图 2-20 所示。

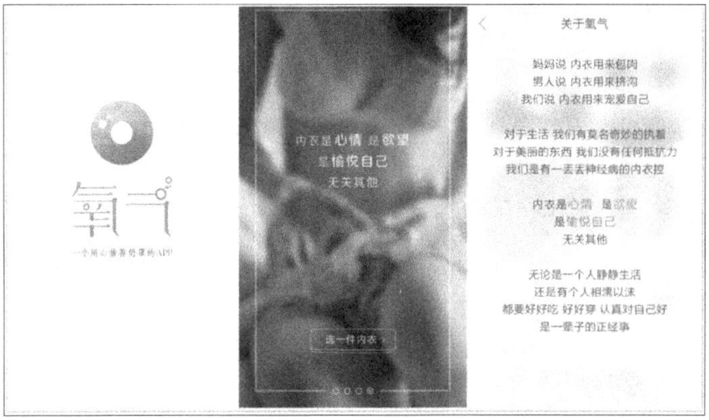

图 2-20　氧气 APP

氧气的目标是成为年轻女性的"内衣专业买手"，并且在全球各地大量招募专职买手来收集海外小众品牌内衣。在平台上，内容撰写者通过各种风格的文案来"场景化"内衣商品，通过内容来激起消费者的购买诉求，如图 2-21 所示。

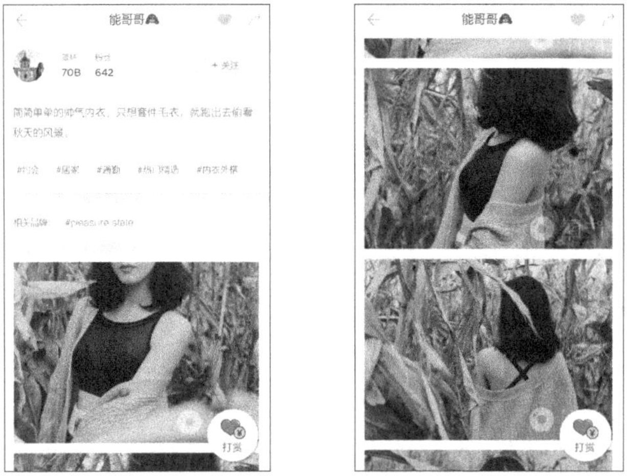

图 2-21　氧气用内容激起消费者的购买诉求

其实，氧气最聪明的地方在于，他们懂得用内容营销来吸引粉丝，而并不是使用传统电商的"价格战""促销战"等手段，同时其产品与网红的契合度也非常高。消费者在这种环境下购物时，可能不会有"我要购物""我要逛街"的心态，更多的是悠闲地看着各种心得体验。

从氧气的内容电商案例中，我们可以看到主题式推荐内容电商的典型生态体系结构，如图 2-22 所示。根据艺恩咨询报告显示，86% 的观众愿意成为自己喜爱的 PGC 内容粉丝。在主题式推荐内容电商体系中，平台可以通过推荐内容来获得用户，在广告主和电商企业的资金和资源的支持下，内容可以通过广告植入、商业衍生贡献等实现盈利，形成"供求链＋经济链＋价值链"的商业体系。

图 2-22　主题式推荐内容电商的典型生态体系结构

2. 步履不停

步履不停旗舰店是一个比较有情调的淘宝店铺，主打文艺风，追求简洁、舒适的着装体验，最吸引消费者眼球的便是店铺中那些个性十足的文案，如图 2-23 所示。

图 2-23　个性十足的文案

同时，步履不停还在商品详情页面中通过图文内容晒出了很多买家的心得和体会，能帮助消费者找到同类和共鸣，如图 2-24 所示。

图 2-24　店铺中的买家心得

2.3　盈利模式：内容变现的多种"姿势"

内容电商并非是简单地撰写几个标题，也不是编辑一篇华美的文章、拍摄一段精彩的视频，更不是只要在微信、微博等推广自己的活动即可。内容电商要想取得成功，变现是不可避免的一个节点，只有可以盈利的内容才能获得更强大的生命力。

2.3.1　商品推荐

商品推荐是一种初期的内容变现方式，也就是内容创作者在文章中帮助商家推荐他们的商品，从而获得一定的佣金收入。

如今，商品推荐的盈利模式在影视领域用得非常多。例如，热门网络剧《万万没想到》采用夸张幽默的语言、包罗万象的剧情，其中穿插了时下的热门话题和一些非常经典的历史典故，描绘了王大锤的传奇故事，获得了观众的喜爱，目前已经更新到第三季，如图 2-25 所示。

在《万万没想到》第三季第 1 集中，就出现了"本集由东鹏特饮赞助播出"的片头广告，利用图片的形式来推荐商品。

另外，在 2016 年的热播电视剧《青云志》中，也随处可见商品的广告植入，而且其"软性"更强，将商品与电视剧合为一体来推荐。例如，《青云志》第 17 集中，主角一行人走进一个茶庄喝茶，镜头画面一扫，"康师傅茶庄"这个现代感十足的茶庄名字就呈现在观众眼前，并且通过茶庄老板的描述，推荐了"蜂蜜绿茶"和"柚子绿茶"两款产品。

图 2-25　热门网络剧《万万没想到》

2.3.2　导购平台

导购平台在传统电商领域也很常见，主要是用户将淘宝店铺中的产品过渡到自己的导购平台上，卖出产品后即可获得淘宝商家的佣金。

在电商领域，导购平台可以分为搜索比价、社区和返利 3 种主要形式，如图 2-26 所示。

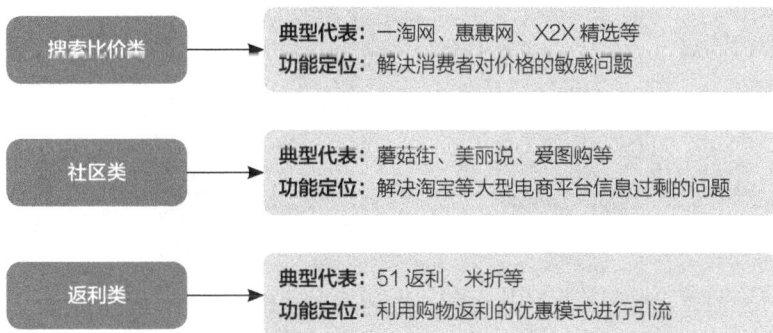

图 2-26　导购平台的 3 大类型

例如，一淘网就是基于淘宝的一个商品搜索平台，它通过丰富的导购资讯为用户提供更好的购买决策，帮助用户快速找到物美价廉的商品，其主页如图 2-27 所示。

一淘网拥有强大的技术实力，而且其行业影响力非常大，商品范围涵盖了淘宝、天猫以及各种 B2C 网站，商品的种类和数量都是首屈一指的，其优势如图 2-28 所示。另一方面，用户可以直接使用淘宝账号登录一淘网，这使其掌握了数量庞大的潜在用户群。

图 2-27　一淘网主页

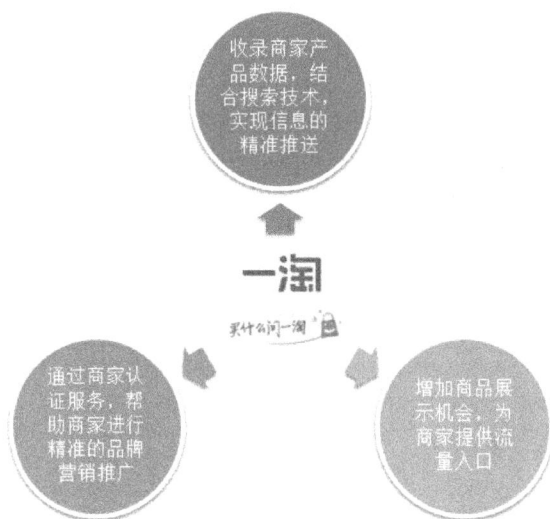

图 2-28　一淘网的平台优势

在内容运营方面，一淘网不但收录了 1000 多家网站的团购和折扣信息，还同时拥有"加入求购"功能，以及采用分享模式的一淘淘吧，形成了社区化电商机制。同时，其针对商家提供了认证机制，帮助用户找到值得信赖的商家。

2.3.3　粉丝转化

粉丝转化这种内容变现模式的关键在于"凝聚力量"，即首先必须建立一个稳定的粉丝社群。因此，社群需要一个强大的组织者，同时还需要有内容来串联粉丝的共同价值观以及与粉丝进行互动，保持持续的影响力，进而围绕品牌或产品实现商业价值变现，不断落袋为安，才能成为真正的赢家。

例如，YY LIVE 推出"频道合伙人"计划，在明星频道的"合伙人"包括了视觉星动、1931 女子偶像组合、湖南卫视综艺档等知名 IP。

YY LIVE 与视觉星动共同推出"YY 9818 频道 星动全娱乐"栏目，为观众带来新鲜的娱乐资讯、八卦爆料以及时尚的综艺节目内容，如图 2-29 所示。

"YY 9818 频道 星动全娱乐"栏目包括"星动主播""wuli 星现场""星动会客厅""星动健身房""Fashion Bar""夜夜生嗝""荷尔萌不萌""海洋奇妙Yeah"等多个特色内容模块，领跑互动直播内容创新，以"时尚、娱乐、内容"为核心，打造"差异化"明星内容。据悉，"Fashion Bar"首期上线便创下 5 万人次同时在线收看的纪录。

图 2-29　"YY 9818 频道 星动全娱乐"栏目

又如，YY LIVE 与湖南卫视综艺档合作推出直播节目录制探班、幕后揭秘、嘉宾互动、大咖明星采访等内容，如图 2-30 所示。观众可以在此看到《天天向上》《快乐大本营》《夏日甜心》《汉语桥》《幻城》《旋风少女 2》《诛仙》《透鲜滴星期天》《我们来了》等上百场湖南卫视综艺节目以及热播剧集的台前幕后花絮，同时还可以看到对汪涵、陈乔恩、刘嘉玲、赵雅芝、莫文蔚、汪东城、沈梦辰、江一燕、安以轩等大牌明星的采访。

YY 利用"网红明星＋视频直播"的内容形式，带粉丝们走进热门、好玩的节目和电视剧的制作前线，以第一手资料造福观众。同时，这些"合伙人"还可以共享合作直播频道的权益，对其本身来说也是一种很好的宣传。

图 2-30　YY 直播湖南卫视综艺档幕后花絮

　　对于 YY 来说，可以借助"合伙人"的优质资源，对其进行内容梳理和优化，为用户带来更多的高品质娱乐内容，打造高人气、高价值的内容电商。

　　网红成为明星已经是不争的事实，而明星"网红化"也正在发生，现在的明星们通过互联网中的各种新媒体内容平台，也变得越来越接地气，也学会了利用内容营销来获得粉丝、经营粉丝，扩展自己的变现能力。

2.4　电商场景：内容是运营用户的方式

　　当传统电商走向落幕时，必然会出现新的电商模式来取而代之，内容电商便是其中的一支新秀，它正在慢慢地发光发热，显示出其巨大的能量。

　　互联网＋时代，各种新媒体平台将内容创业带入高潮，再加上移动社交平台的发展，为新媒体运营带来了全新的粉丝经济模式，一个个拥有大量粉丝的人物 IP 由此诞生，开创了更多的电商场景，其中内容也成为 IP 们运营用户的最佳方式。

2.4.1　从流量运营变成用户运营

　　在传统电商时代，流量可以说是企业赖以生存的根本，没有流量就难以有销量，因此大家每天都冥思苦想如何进行引流，如何完成销售目标。

　　随着互联网技术和覆盖人群的飞速发展，内容电商已成为各大企业争夺的焦点，呈现出迅猛发展的态势。根据内容创业服务平台——新榜的统计数据显示，每 7 个微信大号就有 1 个在做电商，如图 2-31 所示。

大部分微信公众号
选择在微电商的现
成平台开店，如有
赞、微店等。

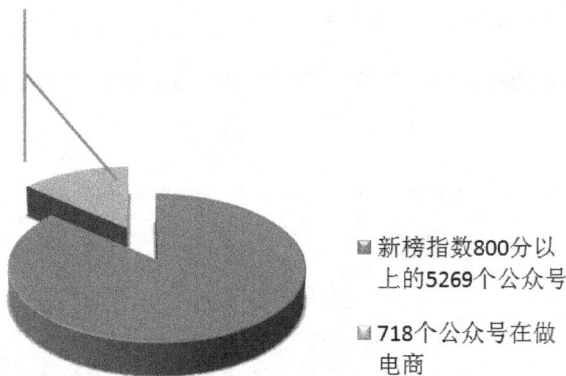

■ 新榜指数800分以
上的**5269**个公众号

■ **718**个公众号在做
电商

图 2-31　微信大号中的电商创业者人数众多

从目前来看，这些微信大号都拥有数量极为庞大的粉丝群体，他们已经很好地完成了从流量运营到用户运营的过渡任务，进入内容电商领域。

此外，阿里妈妈市场部总监吴昊也表示："内容变现实际上是一个思维上的变化，即从流量运营变成用户运营，内容只是用于运营用户的一种方式。"

2.4.2　平台如何持续保持黏性

用户黏性对于内容电商来说，是一种非常关键的因素，黏性越高说明内容越好，用户忠诚度也就越高，为电商带来的转化率和销量也会更高。当然，对于内容电商平台来说，要同时面对两个方面的黏性问题，如图 2-32 所示。

图 2-32　微信大号中的电商创业者人数众多

因此，平台在保持用户黏性方面要面临更多的压力，而内容则在此时乘虚而入，替平台很好地解决了这个问题。另一方面，这个内容还是双向的，既可以是用户发布的内容，也可以是商家发布的内容，同时平台可以借用社区来让这些内容产生深度的互动。

例如，什么值得买就是一个非常重视社区属性的内容电商平台，它不但推出了"值客原创"频道（如图 2-33 所示）来让商家生产内容，而且其黏性更多地是体现在用户对内容的评价中，进而生产一种更强的社区黏性。

图 2-33　什么值得买"值客原创"频道

2.4.3　好内容是关键，还要找到好用户

对于内容电商来说，优质内容是运营的关键要素，但这还远远不够，平台还需要找到对接这些好内容的好用户，没有用户看的内容你再怎么自吹自擂也是无济于事的。因此，内容中必须要体现出用户痛点，如果找不到消费者的消费痛点，那么很遗憾，结果就只能有一个，那就是隔靴搔痒，永远没有办法让消费者冲动起来。

什么是痛点？痛点，就是消费者某方面因没有得到满足或没有达到原本的期望而引发的一种负面情绪，也可以说是消费者对产品或服务的期望与现实不符而形成的一种心理落差。图 2-34 所示为用户的主要痛点。

图 2-34　用户的主要痛点

内容电商要抓住消费者的痛点，通过"痛点"来激发他们的消费欲望，让他们成为电商平台的优质用户，其主要流程如图 2-35 所示。

通过"痛点"来激发读者消费欲望的流程

包括

第一步 | 第二步 | 第三步

首先给消费者制造出一个愉悦的兴奋点 | 实现第一步之后，再给消费者制造一个"痛点"，让消费者产生不买就会后悔等情绪 | 通过心理落差的对比，从而激发出消费者的购买欲望，实现企业软文营销的目的

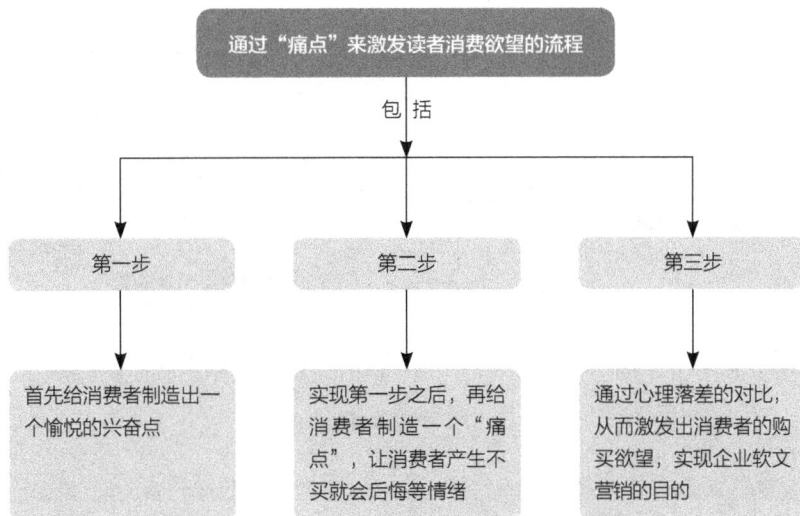

图 2-35　通过"痛点"来激发读者消费欲望的流程

　　痛点是一个长期挖掘的过程，但是电商平台或企业在寻找痛点的过程中，必须要注意 3 个事项，如图 2-36 所示。

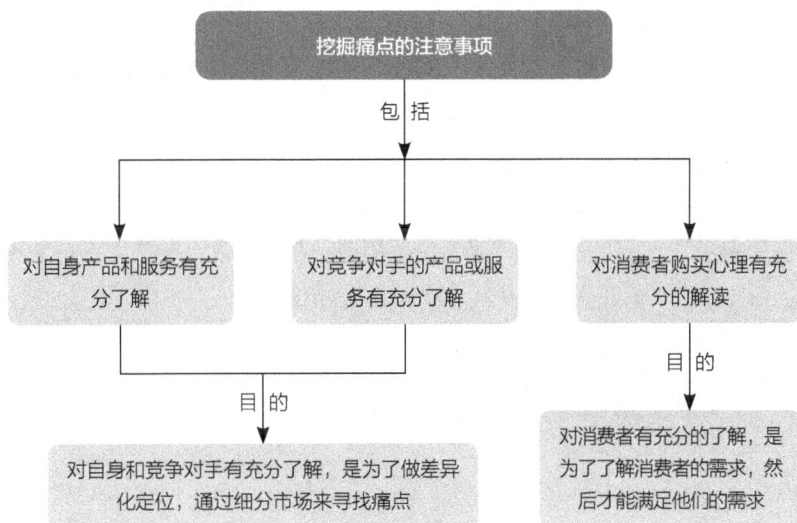

挖掘痛点的注意事项

包括

对自身产品和服务有充分了解 | 对竞争对手的产品或服务有充分了解 | 对消费者购买心理有充分的解读

目的

目的

对自身和竞争对手有充分了解，是为了做差异化定位，通过细分市场来寻找痛点

对消费者有充分的了解，是为了了解消费者的需求，然后才能满足他们的需求

图 2-36　挖掘痛点的注意事项

2.5　内容设计：如何提高电商转化率

　　内容电商是一种针对消费者心理，从情感上对特定产品或品牌进行引导的内容模式，这种电商模式的作用有很多方面，概括为图 2-37 所示的几点。

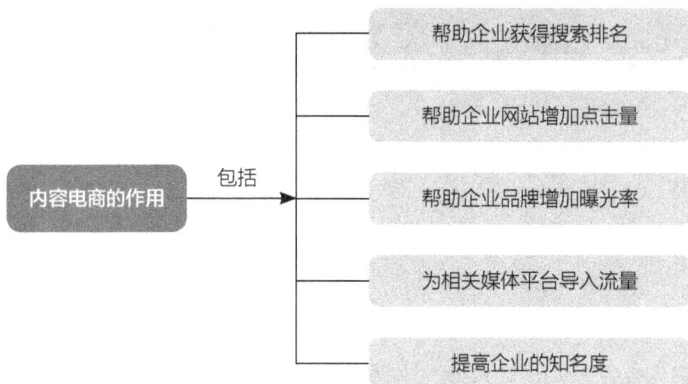

图 2-37　内容电商的作用

既然内容电商有这么多的作用，那么企业一定要好好把握内容的设计技巧，将内容的营销作用发挥到最大。

2.5.1　提炼卖点：围绕产品的主要诉求

这是一个自媒体盛行的时代，也是一个内容创作必须具有互联网思维的时代，更是一个碎片阅读、"要爱就要大声说、要卖就要大声卖"的年代。

做内容电商，如果没有在适时情景下表达卖点，没有解决怎么卖，哪里卖的问题，90% 可以断定这将是一个失败的内容电商案例。

因为内容电商不是美文，不是小说，不是论坛上无所谓的八卦，它的作用就是达成销售，所以，如何激发读者的购买冲动，才是内容创作唯一的出路。

下面就来看看一个知名儿童教育专家罗静博士在自媒体上的文章——《2000 个最贴心的育儿年货，给最爱的宝贝》，如图 2-38 所示。

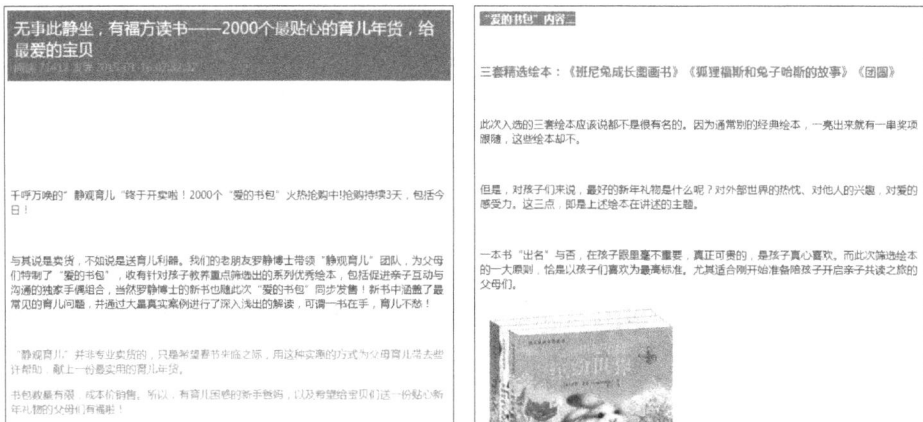

图 2-38　《2000 个最贴心的育儿年货，给最爱的宝贝》内容节选

这篇文章最大的亮点就是全文都是"卖"的主题。当然，这是基于作为儿童教育专家的背景与其自媒体的影响力，如果不是之前这位儿童教育专家通过大量精心的研究与写作分享，严谨而富有爱心的专业水准，以及在相应的儿童教育类网站进行推广，也不会有这样的效果。

内容的关键点切入，便是围绕产品主诉求来提炼产品的卖点，包括购买赠送、数量有限、书籍内容对家庭育儿的帮助等。该篇文章将产品的卖点展现得淋漓尽致，为父母下单提供了诸多充足的理由，父母又怎能不心动呢？

2.5.2 跟上热点：让用户注意到你

内容电商想要抓住用户的眼球，就需要让用户看到有兴趣的东西，当然，我们不可能知道所有人的兴趣，所以，就要跟上热点。时事热点、热播电视剧、热播综艺节目等，就算不是所有人会关注，也绝对是大部分人都会关注。

将热点资讯和内容电商相结合，直接把热点内容嵌入到电商内容中，能够增加内容对用户的吸引力。

例如，自从电视剧《好先生》开播以来，各大网站、论坛就开始撰写与之有关的文章，搜索引擎的搜索量也一直占据榜首。很多商家也借此风潮将《好先生》与内容营销相结合，写出了一篇篇的娱乐式文章。例如《广告中插播电视剧！孙红雷在＜好先生＞里用的刀被双立人承包了！》，这篇文章就是将产品与热播电视剧相结合的产物，并且在文章的标题中直接点出现在正在热播的电视剧《好先生》，以引起读者的注意，然后在正文中从电视剧的亮点出发，慢慢引出产品——双立人刀具。

2.5.3 注重细节：有效地引导用户

在内容电商的实际运用中，运营人员应注重细节的设计，对于页面版式、APP 推送文案等行为，都应该以"有效地引导用户"为前提，这样才能提高电商转化率。

例如，京致衣橱 APP 在细节上就做得比较到位，主要是通过达人用户的专业推荐来向 APP 使用者提供潮流信息，由用户互动来打造 APP 的特色内容。图 2-39 所示为部分达人用户打造的潮流款式搭配，其他用户可以直接收藏或者采用，从而把用户引导到电商平台上。

能够让用户把握潮流是服装类 APP 必须具备的功能，不然难以通过 APP 内容来培养核心用户。当然，这一点在内容电商中也是非常有效的，不管是哪个行业的内容电商，都需要培养注重细节的好习惯，并提高善于抓住细节的能力，从更多方面来为电商引流。

图 2-39　部分达人用户打造的潮流款式搭配

2.5.4　多讲故事：达人都是故事王

故事类内容是一种容易被用户接受的内容电商题材，一个好的故事，很容易给用户留下深刻的记忆，拉近品牌与用户之间的距离，生动的故事容易让读者产生代入感，对故事中的情节和人物也会产生向往之情，企业如果能创作出一篇好的故事型内容，就会很容易找到潜在客户和提高企业信誉度。

例如，优集品是一个销售有设计感品牌的生活百货电商企业，它经常在自媒体平台上为用户推送一些比较有意思有情感的故事型内容，如图 2-40 所示。同时，优集品在故事的最后附上了一些与故事情节相搭的家居商品推荐，让人们可以马上动手装饰属于自己的小家，吸引了大批用户点击和关注。

图 2-40　优集品的故事内容

对于内容创作者来说，如何打造完美的故事型电商内容呢？首先需要确定的是产品的特色，将产品关键词提炼出来，然后将产品关键词放到故事线索中，贯穿全文，让用户读完之后印象深刻。同时，故事型电商内容的创作最好满足以下的两个要点，如图 2-41 所示。

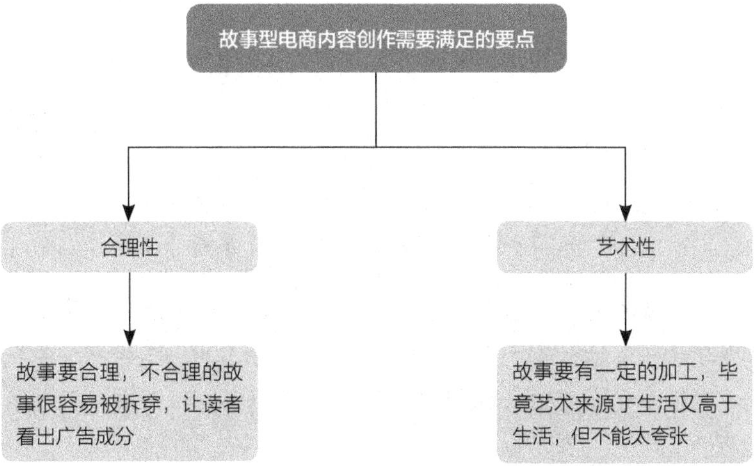

图 2-41　故事型电商内容创作需要满足的要点

2.5.5　加强信任：优化流程与体验

信任是所有电商平台和企业都非常关注的一个问题，因为信任是连接消费者和商品的一个强有力的纽带，如果没有信任，则消费者几乎不会购买你的商品。

因此，淘宝、天猫、京东等电商平台都在信任方面大做文章，例如退款机制便是很好的解决方案，可以让用户更加放心地购物。图 2-42 所示为天猫平台为用户提供的"七天无理由退换货"服务。

图 2-42　"七天无理由退换货"服务

如果用户满足"七天无理由退换货"的申请条件，即可进入"我的淘宝—已买到的宝贝"页面，向天猫发起退换货申请，其流程如图 2-43 所示。

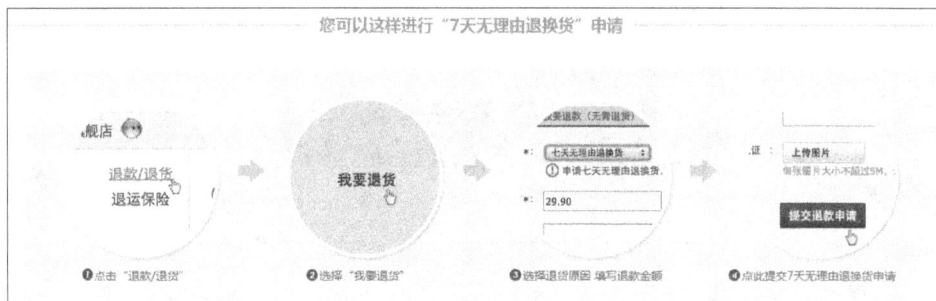

图 2-43 "七天无理由退换货"服务

当然，这只是解决用户信任问题的比较好的方法之一。另外，电商平台和企业还应该在购物的流程体验上进行优化设计。例如，商家可以在 10 个产品中筛选出一个爆款商品，并通过低价的方式降低用户的购买门槛，让他可以一次体验选品、下单、支付等流程。

其中，贝贝网在这一点上就做得很不错，它经常会推出一些限时特卖、限量秒杀以及 1 分钱抢购等促销活动，以此来引导用户注册、加入购物车、下单支付、社交分享等流程，并通过免邮费的方式打消用户不放心的念头。

第3章

社交红利:
未来一切交易都将是社交

学前提示

随着手机、平板电脑等移动智能终端的普及,依托于移动终端的电商开始进入人们的视野,微店便是其中的典型代表。凭借着微信的庞大用户基数,微店势必会变得火热,本节便针对微店开店的常用平台以及基本流程进行详细讲解,希望对微店创业者有所帮助。

要点展示

>>> 内容电商引发社交商业热潮

>>> 微信:内容是最佳商业化操作

>>> 微博:网红经济成为商业推手

3.1 内容电商引发社交商业热潮

2016 年，电商市场中最大的事件之一就是出现了张沫凡、papi 酱等一大批网红电商。在移动社交时代，网红让内容电商得到了人们的重视，同时资本家也看到了其中的商机，开始进军社交商业。

3.1.1 社交商业（Social Business）是什么

随着移动互联网的发展，社交网络成为了电商流量的最佳入口，因为将朋友变换成顾客远远要比将顾客变为朋友更容易。社交网络中的信息是一个个性化且独立的入口，通过这些入口，用户从熟悉的社交网络中汇聚在一起，作为入口的信息的高质量就变得无比重要。

互联网入口出现后，社群地理距离的限制也逐渐消失，出现了全球级社交网络平台，如 Facebook、Twitter、YouTube、Quora、Pinterest 等，传统的社群也跟着升级成为了新的社交网络，如图 3-1 所示。

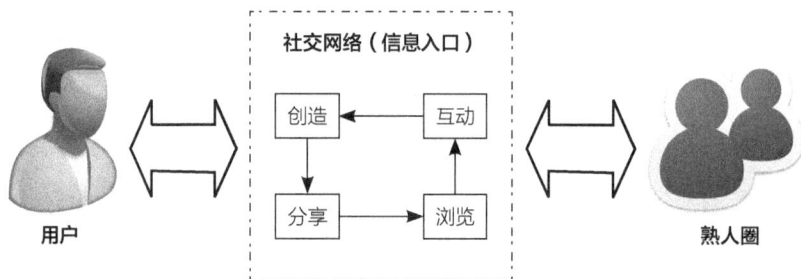

图 3-1 社交网络

这一切，使得社交商业（Social Business）这个词被推到了风口浪尖上。那么，社交商业到底是什么？它与传统商业、电子商务等模式又有哪些区别呢？从表3-1中，你也许能找到更加直观的答案。

表 3-1 社交商业与传统商业、电子商务的区别

商业类型	传统商业	电子商务	社交商业
消费者需求	产品体验	选择效率	情感体验
生产方式	工业生产	全球生产	柔性供应链
			按需定制
销售渠道	线下零售	在线电商平台	泛社交平台
营销方式	建立品牌形象	获得精准流量	获取和经营粉丝
核心竞争要素	产品品质	性价比	情感连接
	品牌沉淀	高效促销	用户管理

尤其是随着 4G 移动互联网和智能手机的流行，让人们突破了 PC 端的壁垒，让社交变得随时随地，让内容形式变得多姿多彩，碎片化和随身性使得社交成为游戏之后互联网的又一个风口。

此时，将电商元素添加到社交网络中变得更加水到渠成，甚至还有人提出了"无社交不电商"的思想。电子商务模式的发展，淘宝店铺的开店成本和运营成本的增加，以及市场竞争的逐步激烈，导致互联网创业者急于找到一个新的突破点。同时，他们在微信、微博等社交平台上看到了新的希望，这样就产生了一个新的商业模式——社交电商。

随着微博、微信、手机 QQ、陌陌等社交应用的兴起，尤其是微信的不断演进，出现了一种全新的社交商业形态：微商。图 3-2 所示为微信和手机 QQ 空间中的微商内容营销。

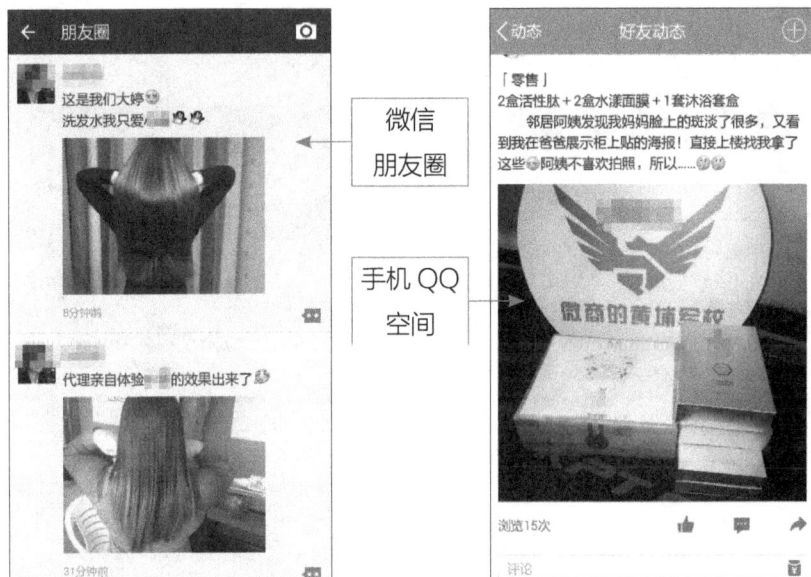

图 3-2　微信和手机 QQ 空间中的微商内容营销

同理，借助社交网络传播就是粉丝经济最常用的营销手段，同时也是"去中心化商业"的具体表现。而创业者或企业在社交网络中的粉丝，很有可能就是潜在的消费者，甚至可能会成为最忠诚的消费者。

从另一个方面来看，例如，在移动互联网到来之前，大家认识、喜欢的明星可能永远都是那么几个人，而且通常也只有一线明星才会拥有大量粉丝。然而，现在的明星已经变得更加多元化、草根化了，粉丝们也许看上的是他们的"高颜值"，也许欣赏的是他们的多才多艺，或是简单地喜欢他们展示生活的方方面面。

举个很简单的例子，如今淘宝上有很多网络红人开的"网红店铺"，这些网络红人基本上都是外形漂亮的模特，他们长期在社交平台、直播平台上为淘宝店铺引流，吸引粉丝到淘宝店铺消费。

总之，在去中心化的粉丝经济下，也许你只是一个默默无闻的基层创业者，但只要你拥有大量的粉丝，那么你也就拥有了强大的号召力，而且这个号召力存在一定的商业价值和变现能力。

3.1.2 驱动社交商业加速发展的四大因素

如今，社交电商已经进入高速发展的时期，微博、微信、陌陌等热门社交应用都在尝试接入电商功能。例如，京东商城推出的"拍拍"微店就是一个典型的"去中心化"的社交电商产品，借助手机 QQ 强大的社交关系网推出"好友拼购"，从而达到"社交化消费"的目的，让"中心化"和"去中心化"实现共存。图 3-3 所示为京东商城在手机 QQ 上的购物入口。

图 3-3　京东开通手机 QQ 一级入口布局社交电商

那么，到底是什么原因让这些电商巨头和中小型卖家争先恐后地涌入社交电商领域呢？下面我们来分析下驱动社交商业加速发展的四大因素。

（1）社交 APP 的发展：这些 APP 让企业找到了连接消费者的捷径，不再依赖于电视、报纸等传统渠道，而且成本更低、互动性更强、智能化更高，营销效果也更好，可以产生更直接的引流效果。

（2）**自媒体的兴起**：消费者通过各种社交平台在互联网上产生了无数的自媒体内容，这些都已经成为企业非常重要的媒体资源，而且这些资源具有较高的可信度和互动性，同时可以为企业带来更高的转化率。

（3）**消费观的改变**：如今，各种电商平台让消费者在购物时的选择性更大，这使得消费者的消费观产生了改变，从以前的"能买到"变成了现在的"能买好"，如图3-4所示。

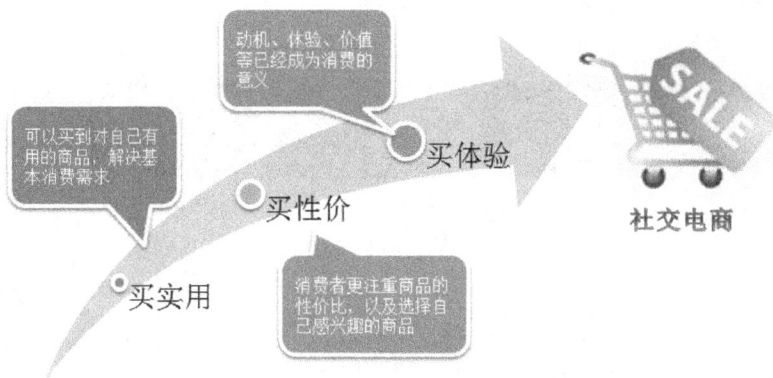

图 3-4 消费观的改变

（4）**消费场景的扩展**：随着移动互联网的发展，消费场景已经从线下转移到线上，而且线上的消费场景也扩展出更多可能。例如，在无聊的时候看看朋友圈，突然看到朋友晒的照片，他穿的某件衣服、戴的某个项链可能会吸引你的眼球，此时就会触发你的购买欲，因此你会问他在哪里买的，而他也可以将购买链接发给你，你只需下单付款即可，这就是社交电商带来的一种消费场景的改变。

3.1.3 社交商业下，网红经济已经崭露头角

在社交电商时代，哪些行业将首先打开商业之门，借助风口获得巨大的价值呢？目前看来，已经有些眉目了，那就是2016年兴起的网红。

互联网的成熟大大地降低了电商创业的创业成本，让更多人的梦想得以低成本实现。而到了以粉丝经济为基础的网红经济时代，创业者所花费的成本将变得更低，而回报也会更大。

移动互联网带来去中心化的商业模式，一大群网红跳过了"中心"的门槛，直接展现在人们面前。

这里的"中心"主要是指传统造星培养模式，过去的明星通常要经过漫长的成长、宣传等过程，才能通过有限的电视、报纸、杂志等媒体渠道被人们看到，而且基本上

都是单方面、固定的内容形式，他们与粉丝之间缺乏互动交流，无法知晓粉丝的需求。

如今，网红式的人物 IP 将传统的成名和吸金机制进行了彻底的颠覆，并且使很多行业的生态链发生变化。

例如，1992 年出生于湖南邵东的前 DOTA 职业玩家、LOL 职业选手禹某，在退役后身价已经超过 2000 万元。据悉，禹某在直播高峰时的同时在线观看人数高达 250 万人次，而 LOL 这个游戏的最高同时在线玩家也有 750 万左右。如图 3-5 所示，在禹某的微博主页中可以看到，他微博的粉丝已经达到了 460 多万。

图 3-5 禹某的微博主页

这些知名的游戏主播之所以拥有如此高的身价，依靠的是大量粉丝的支持，这些粉丝带来了具有很大想象空间的经济效益。例如，在第四届 DOTA2 国际邀请赛 TI4 中，主办方通过众筹的方式设置了 1000 多万美元的奖金，粉丝只需购买赛事手册（俗称"小紫本"）即可参与众筹来支持 DOTA2 和喜欢的选手。

网红经济背后的支持者是粉丝经济与时代经济，网红们活跃在各个社交平台、直播平台以及电商平台上，他们背后都坐拥上千万的粉丝，带来的粉丝经济也将是前所未有的。

从目前来看，网红的数量将持续增长，更多的优质网络红人将在互联网中脱颖而出，对于那些依靠互联网内容进行创业的人来说，未来的竞争将会越来越激烈，而红人经济的规模也将不断扩大。

再回过头来看社交商业，其最主要的武器就是用户数量和互动，这一点同样是考验网红的力量所在，他们拥有相同的本质，这也造就网红经济的兴起。

3.2 微信：内容是最佳商业化操作

如今，不管是企业还是个人，都纷纷带着相关的行业内容进军微信，微信公众号、微信朋友圈成为内容电商的重要领地，也有很多优秀公众号取得了不错的成绩，下面让我们来一起挖掘内容电商的微信营销方法。

3.2.1 微信＋内容电商的特点

现如今微信使用越来越频繁，从聊天到创业，微信逐渐融入到人们的生活当中，成为不可或缺的一部分。微信从研发到如今的拥有几亿用户，只用了短短几年时间，不得不说这是一个有着巨大潜力的软件。

下面我们一起来看看"微信＋内容电商"的特点有哪些。

1. 展现形式多元化

微信内容电商的推广渠道非常的多样化，除了微信公众号，还有图 3-6 所示的几种营销推广渠道，商家企业可以根据自己的企业特点和资金状况选择适合自己的内容营销方式。

图 3-6　微信其他的营销渠道

2. 传播效率比较高

在微信里推广内容，传播效率比较高，因为微信是一种即时通信工具，商家在朋友圈里发布信息，用户可以在任何时间任何地点查看，而且用户在查看企业的微信公众号推送的信息时，一次只能看一家企业推送的信息，从而保证用户在查看信息时的专注度。

同时，微信的这种实时推送以及一对一查看的方式，确保了每个用户都能看到企业推送的信息，从而实现百分百的到达率。

3. 将朋友变为客户

微信与同类聊天工具比较起来更具特点，它从以下三个方面改变了人们的生活。

（1）改变了人们的沟通方式

微信改变人们的沟通方式主要表现在以下几个方面。

- 能够传递文字、图片、语音、视频等各种信息。
- 能让人们的沟通不受时间、空间的约束。
- 微信仅仅收取少量的流量费用，让人们的沟通成本更低。

（2）改变了人们的交友方式

微信从以下两方面改变了人们的交友方式。

- 在微信中，人们的交友方式是保密的，好友交流一对一展开，很好地保护了用户的隐私。
- 好友列表只有用户自己看得到，更加提升了私密性。

（3）改变了人们获取信息的方式

微信从以下两方面改变了人们获取信息的方式。

- 用户可以通过订阅自己感兴趣的信息，来获得有价值的信息。
- 用户的衣食住行、理财娱乐等业务通过微信都能实现。

可以说，微信具有强大的社交黏性，它不只是一个单纯的聊天工具，更是一种全新的生活方式，它的出现，不仅给人们的生活带来了许多便利之处，而且也让人们的营销思维发生了巨大的改变。

> 🔅 **专家提醒**
>
> "熟人经济"在微信的出现后，越来越被人们接受，很多人把自己微信里的好友变成了自己的客户，这种角色定位的改变源于朋友之间的相互信任，因为信任你，才会愿意信任你的产品，这也是"微信＋内容电商"最大的营销特色之一。

3.2.2　朋友圈＋内容电商的营销技巧

时至今日，移动互联网以迅雷不及掩耳之势轻而易举地超越了传统互联网的用户规模，在抢夺粉丝和用户流量上，微信已经远远超越了其他竞争对手。

微信朋友圈是一个可以随时发表自己当时的动态、心情、图片以及分享链接等的地方，人们很喜欢在闲暇时刷朋友圈，看看自己的朋友们在做什么。所以商家可以利用微信朋友圈来做内容营销，从而获取人流量、产品曝光率以及品牌关注度。

下面就来介绍一些"朋友圈＋内容电商"的营销技巧。

1. 多样化的内容形式

发朋友圈有三种方式，一种是发纯文字（这种内容说服力较弱，不建议使用），一种是发送图文并茂的内容，还有一种是发送视频内容。

（1）**图文结合：**比单纯的文字更加醒目、更加吸引人，蕴含的信息量也更大，如图 3-7 所示。

（2）**视频内容：**视频可以让内容立体呈现，拥有比文字、图片等内容形式更强的吸引力，如图 3-8 所示。

图 3-7　微信朋友圈中的图文内容　　　　图 3-8　微信朋友圈中的视频内容

2. 内容篇幅不宜过长

一般来说微信朋友圈只有 6 行文字能直接展示，对于内容营销而言虽没有字数限制，但最好是利用前三行文字来吸引微信用户的目光，将重点提炼出来，最好让人一眼就能扫到重点，这样才能使人们有继续看下去的欲望。

若发布的内容太长，就会发生"折叠"，只显示前几行的文字，而读者必须点击"全文"才能看余下的内容，如图 3-9 所示。

微信作为一个社交平台，人们更愿意接受碎片式的阅读形式，不喜欢那种长篇累牍式的文字，因此对于微信软文营销人来说，不要让自己朋友圈的内容太过冗长，如果有很长的内容，建议将重点提炼出来，让人一眼就能扫到重点最好。

3. 把握评论区的内容

如果朋友圈的内容长到没办法精简提炼，还可以利用另外一个功能，即评论功能，通过评论功能将更多信息传递给受众。

因为评论区域是没有折叠的，也就是说无论你发多长的评论，都会全部展现在好友面前，因此微信营销人要善于利用朋友圈的评论功能，将他人看不到的内容写上去，或者将一些需要强调的重点写上去。

图 3-9　朋友圈内容超过一定限度

有的人说，评论有定向隐藏功能，即评论只有部分人能看到，其他人看不到，但事实上，自己给自己评论是没有定向隐藏功能的，也就是说微信里所有好友都能看到这条评论内容，因此微信营销人不需要有什么顾虑。

4．突出商品的最亮点

商家可以采用强化功能撰写法，就是在微信中将产品最大的优点突出来。

举个很简单的例子，假设商家是卖面膜产品的，罗列出来的面膜功能可能有 20多个，但是这么多的功能，真正能够让消费者记住的可能没有几个，那还不如强化消费者的记忆，重点突出其中的一个特点，例如美白滋润，那么以后消费者想要美白滋润面膜的时候就会立刻想到商家的面膜。

5．及时反馈关注用户

在微信朋友圈发表内容，最终目的是卖出产品，那么卖出产品的前提就是要用户对你产生信任，那么如何取得一个陌生人的信任呢？可以借助他人的反馈来博得陌生人的信任，而且这个"他人"最好是这位陌生人的朋友，因为只有这样他才能看到他的朋友在朋友圈中的留言，从而对商家产生信任。

6．产品介绍要多角度

商家在朋友圈进行内容营销的时候，关于产品的介绍要从多个角度出发，除了介绍产品的主要功能之外，还可以包括以下内容，如图 3-10 所示。

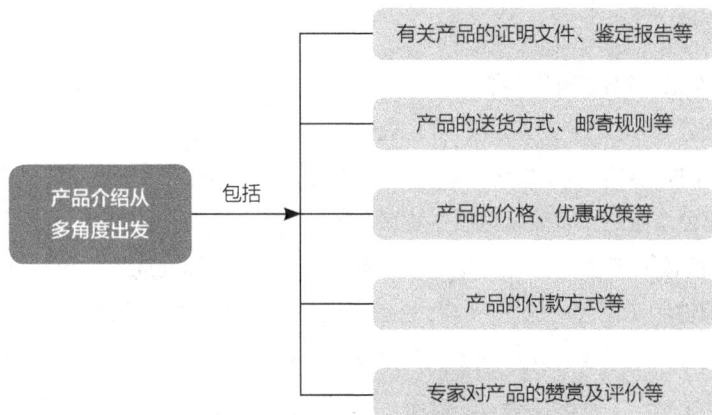

图 3-10　产品介绍从多角度出发

这样做，能够让用户对产品有个综合的了解。

7. 提供保障解决信任问题

微信朋友圈虽然做的是熟人生意，但是随着时间的推移和生意的扩展，慢慢会有越来越多的陌生客户添加商家微信，进入商家的朋友圈，这时候，商家需要通过打消买家的疑虑来获得买家的信任。

那么，商家如何解决买家的疑虑呢？可以进行零风险承诺，承诺如果买家不满意，就可以退款，或者免费提供相关的服务，以此来提高消费者的购买体验，只有他们满意了，市场才会慢慢打开。

8. 考虑周详解决用户难题

商家在朋友圈内容中，最好对客户会遇到的常见问题进行解答，这些常见的问题包括如下内容。

- 产品送货问题。
- 产品质量问题。
- 产品退货问题。
- 送货安全问题。
- 产品的使用问题等。

商家考虑得越详细，客户才会越满意。

3.2.3　公众号 + 内容电商的营销技巧

微信的火热带动了微信公众号的品牌营销，微信公众号已经成为企业品牌宣传的一个窗口，企业的软文营销离不开微信平台提供的营销机会。下面主要介绍微信公众号的软文营销技巧。

1. 创作有个性、有价值的内容

在微信公众平台的内容方面，要把握好以下两个要点。

（1）**个性化内容：** 个性化的内容不仅可以增强用户的黏性，使之持久关注，还能让企业微信公众号在众多公众账号中脱颖而出。

（2）**价值型内容：** 在利用微信公众号进行内容营销的过程中，商家一定要注意内容的价值性和实用性，这里的实用是指符合用户需求，对用户有利、有用、有价值的内容。例如，在2016年"双十一"期间，中信银行信用卡公众平台就为大家收集了很多"双十一"购物的玩法，给大家在购物时提供了便利，如图3-11所示。

图 3-11　中信银行信用卡公众平台推送的内容

不论是哪方面的内容，只要能够帮助用户解决困难，就是好的内容，而且，只有有价值和实用的内容，才能留住用户。

2. 加强内容的互动性

通过微信公众平台，商家可以多发起一些有趣的活动，以此来调动用户参与活动的积极性，从而拉近商家与用户的距离。

除了发布活动之外，还可以通过其他方式与用户进行互动，例如通过问卷调查了解用户的内在需求、通过设置各类专栏与用户展开积极的互动等。

商家可以将互动信息和内容电商结合起来进行推广，单纯的互动信息推送没有那么多的趣味性，如果和内容相结合，那么就能够吸引更多的人参与到互动活动中。

3. 激起用户好奇心的内容

企业在微信公众号打造内容电商的时候，想要让用户认真地看完内容，就要通过能够激起用户好奇心的内容，来引发他们阅读全篇的欲望，具体做法是在开头的内容上多下功夫，一开始就激发用户的好奇心要比其他方法效果好得多。

例如，携程旅行网发布的这篇"一位陆姓霸道总裁被深扒"的内容，从标题上就十分创新，勾起大家对"陆姓霸道总裁到底是谁"的好奇心，点开内容一看原来写的是"陆游"，而且文中以自述的幽默式口吻来切入，再次给用户带来耳目一新的感觉，激发用户继续阅读的兴趣，如图 3-12 所示。

图 3-12　携程旅行网发布的"一位陆姓霸道总裁被深扒"

4. 公众号内容的创作方法

在这里，笔者主要为大家讲述"认识我、我的好、买我"三步法的创作方法，运用好这三步法，能够让商家的内容营销效果更上一个台阶，如图 3-13 所示。

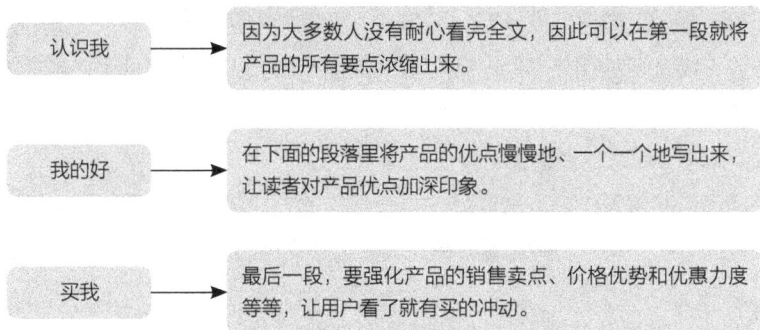

认识我	→	因为大多数人没有耐心看完全文，因此可以在第一段就将产品的所有要点浓缩出来。
我的好	→	在下面的段落里将产品的优点慢慢地、一个一个地写出来，让读者对产品优点加深印象。
买我	→	最后一段，要强化产品的销售卖点、价格优势和优惠力度等等，让用户看了就有买的冲动。

图 3-13　微信公众号内容创作三步法

3.2.4　其他功能＋内容电商的营销技巧

除了微信朋友圈、微信公众号之外，还有很多其他的内容电商营销渠道，例如"摇一摇""漂流瓶""附近的人"等。

1. 摇一摇

"摇一摇"是一种十分强大的交友方式，它主要是利用人们的好奇心，通过摇一摇手机来搜索到同一时间也在摇动手机的用户，然后互相认识、添加好友、进行互动等。

微信"摇一摇"是移动社交活动的新模式，它极大地丰富与拓展了人际关系，为商家提供了一个广告曝光的平台。例如，饮品店"阿叔熬奶茶"在三八妇女节期间推出主题为"女人我最大，福利摇出来"的活动，此活动完全基于微信"摇一摇"周边功能，如图 3-14 所示。

图 3-14　微信"摇一摇"活动

对于商家来说，微信"摇一摇"的方式，无疑为内容电商获取了更多的人际关系方面的资源。商家可前期与"摇一摇"摇到的朋友聊天，等到熟悉了，再加为好友，然后在朋友圈上发布营销内容、活动等信息，那么好友就能看到企业的营销信息，轻而易举地实现宣传信息的目的了。

商家还可以利用微信公众号通过"摇一摇"的方式将活动内容宣传出去，但是在运用公众号的"摇一摇"功能之前，首先要开通该功能。

2. 漂流瓶

除了"摇一摇"之外，还有一个可以利用的功能，就是"漂流瓶"，"漂流瓶"

在微信里使用，其主要的好处是商家可以将自己想说的话写在纸上，然后放入瓶中，再将它扔进水里，等待其他用户的拾取和回复，而且接收"漂流瓶"的人一定是有微信号的，因此，商家在"漂流瓶"里写上自己的微信公众号，再结合接受人的喜好，很快就能得到一批粉丝的关注。

加上"漂流瓶"模式本身可以发送不同的文字内容甚至语音小游戏等，如果营销得当，也能产生不错的营销效果。"漂流瓶"支持语音功能，不管是哪里的微信用户，都能够拾取到商家的"漂流瓶"，然后看到或听到商家发布的信息，所以，"漂流瓶"的功能还是十分强大的，图3-15所示为微信漂流瓶相关界面。而这种语音的模式，也让用户觉得更加真实，但是，如果只是纯粹的广告内容，会很容易引起用户的反感。

图3-15 "扔一个"的用法

企业利用"漂流瓶"进行软文营销具备图3-16所示的几点好处。

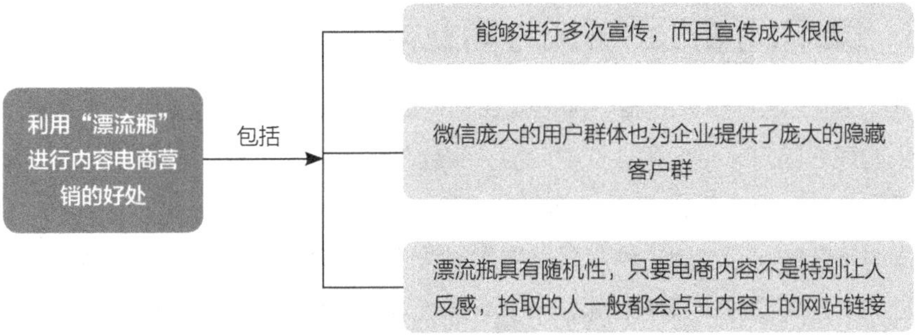

图3-16 利用"漂流瓶"进行内容营销的好处

3. 附近的人从身边入手

"附近的人"是微信推出的一项 LBS 功能，目的就是为了方便用户交友，它将会根据用户的地理位置找到附近同样开启这项功能的人，使用户轻松找到身边正在使用微信的其他用户。

所以，商家可以抓住微信"附近的人"这一功能，进行内容营销的操作。而"附近的人"是一种比较有针对性的推广工具，若企业是卖办公工具的，就可以到写字楼比较多的地方，搜附近的人，很有可能遇到潜在客户，这个时候就可以在个性签名处填写推广信息，而且"附近的人"还推出了各种推广选项，例如"只看女生""只看男生"等等，商家可以根据产品的用户性别定位来进行选择，图 3-17 所示为"附近的人"的相关界面。

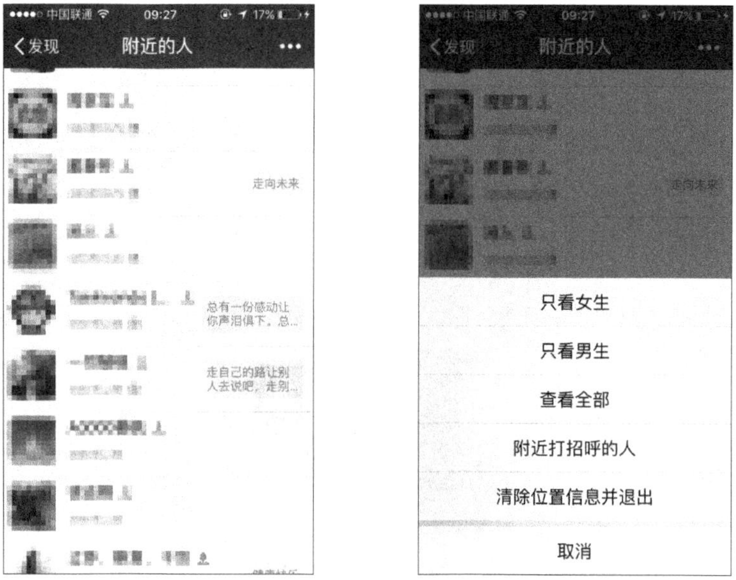

图 3-17　"附近的人"的相关界面

3.3　微博：网红经济成为商业推手

2016 年，培养优秀的微电商达人和导购达人成为了微博的重点工作，通过为这些达人们建立自媒体平台和社交电商圈，帮助他们更好地实现内容变现，从而打造出以"网红经济＋粉丝经济"的社交电商生态系统。

同时，在微博平台上，用户只需要用很短的文字就能表达自己的心情或者发布信息的目的，这样便捷、快速的信息分享方式使得大多数企业与商家开始抢占微博营销平台，利用微博开启内容电商市场的新天地。

3.3.1 打造微博内容电商的基本工作

微博营销是继微博诞生后催生出来的一种新兴内容营销模式，通过一对多的互动交流方式，以及快速广泛传播的特性，为商家带来了良好的微博推广平台。

商家主要是利用微博 140 字内容信息和长微博功能来跟粉丝进行互动交流，在这个大社交舞台上，商家只要通过一定的内容营销策略就能推广自己的品牌和产品信息，树立良好的企业形象和产品形象，从而达到促进销售的目的。

下面我们一起来看看进行微博内容电商要做哪些基本准备工作。

1. 设置一个好名称

商家要为微博设置一个好名字，微博的名字也不是随便取的，可以遵循以下几点原则，如图 3-18 所示。

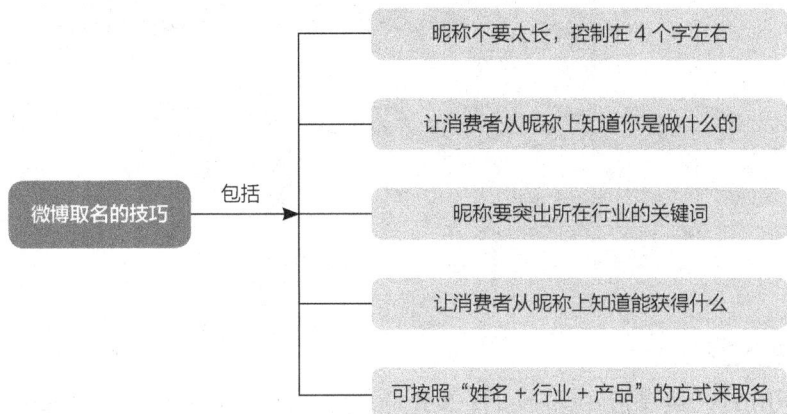

图 3-18　微博取名的技巧

> **专家提醒**
>
> 昵称的设置要注意用户的搜索习惯，这样才能保证被消费者尽早地发现。

2. 设置讲究的标签

标签的设置也是很讲究的，下面就来了解一下设置微博个人标签的规则。

（1）**提高匹配度**：可以设置 10 个关键词，前 6 个完整的关键词站在消费者的角度进行撰写，如美容类的标签，可写下"美白""养颜""祛斑""消痘""瘦身""去疤"等。后面 4 个关键词就把一个词分开写，例如美、白、痘、瘦等，这样的目的是让一个字能匹配到你，俩字也能匹配到你，三个词也能匹配到你。

（2）**定期调整**：商家要根据用户的搜索习惯定期调整标签的词汇，具体做法是：

提前准备十几组标签词汇，定期去查看用户的搜索习惯，根据被用户搜索最多的词汇来调整自己的标签。

（3）**合理的排序：** 选好了标签词，就要进行合理的排序，进行优化，例如前面的6组词都用4个字的词语，从第7个词开始，按照4个字、3个字、2个字、1个字的顺序来写，如"美白祛痘""美白祛""美白""美"。

（4）**重视节假日：** 标签词最好一个月换一次，如果遇到节假日就更换与之相关的标签词，如"双十一"，就把"双十一"写进标签里，当人们搜索关于双十一的词汇时，就容易搜索到你的微博了，如图3-19所示。

图3-19 把"双十一"写进标签里

3. 设置合适的头像

对于企业或者商家微博的头像，要看着真实，能够让人一下知道你是做什么的最好，下面总结了几点技巧。

- 如果开通的是品牌微博，可以用企业的品牌标识做头像。图3-20所示为小米公司的微博主页，可以看到他的头像就是小米的LOGO。

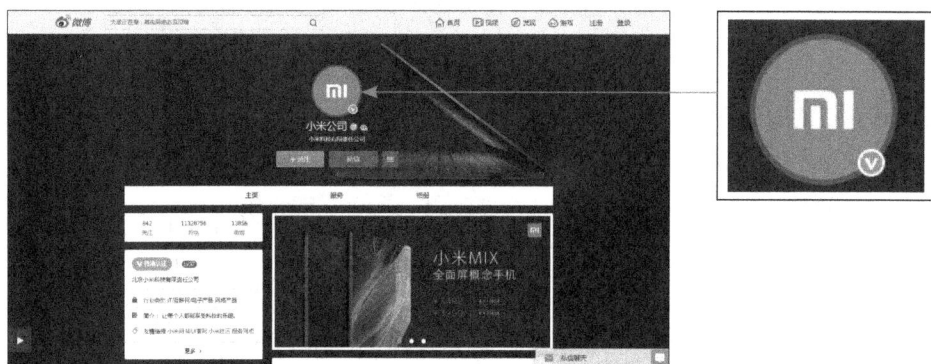

图3-20 小米公司的微博头像就是小米的LOGO

- 如果开通的是连锁品牌，就可以写连锁品牌名称或标识。
- 如果是店面开通的微博，可以用店面或商品照片做微博头像。图 3-21 所示为老磨坊精品连锁酒店的微博主页。

图 3-21　老磨坊精品连锁酒店的微博主页

- 还可以根据产品的目标人群选择头像，例如目标用户为男性，就可以选用与产品相关的美女头像，吸引用户眼球。

4. 设置使人印象深刻的简介

简介是微博账号设置基本信息里的最后一项内容。商家可以根据自己的产品准备多个词组，去掉个人标签用掉的几个，剩下的就写到这里来。

5. 设置完善的资料

完善的资料除了个人标签、个人介绍、头像这几项内容之外，还有工作信息、职业信息等，只有把个人资料尽可能完善，这样用户才能根据里面的关键词搜索到你，而且完善的资料还会给人一种真实的感觉，从而增加用户的信任感。另外，最好要绑定手机，这样才能充分利用微博的高级功能，否则有些功能是用不了的。

3.3.2　设计微博内容营销的常用技巧

微博是一个能聚集人们进行交流的地方，在这里每天都能发生新鲜的事件、话题。企业和商家可以利用微博的特性进行内容营销，下面将介绍微博内容营销的常用技巧。

1. 借时下热门话题

商家在微博热门话题中可以找到热门微博、热门话题、综合热搜榜等方面的内容，如图 3-22 所示。因此，商家可以借助时下的热门话题来吸引人们的关注，将电商内容和热门话题相结合，可以有效地提高用户的关注度。

热门话题的用户阅读量通常都在一亿以上，拥有强大的流量。

图 3-22　微博热门话题

2. 要善于挖掘历史

这里的历史不仅仅是指古时候的历史故事，还是指企业所在地的历史文化、企业的发家史、创业史等，甚至还包括企业经营项目的历史渊源等。

> **专家提醒**
>
> 因此在微博上，企业也可以抓住这一点，将历史故事和文化与软文营销相结合，肯定能吸引到一批感兴趣的粉丝。

3. 借势提升影响力

众所周知，在互联网时代，微博的影响力主要由 3 个因素决定，即活跃度、传播力和覆盖度，如图 3-23 所示。

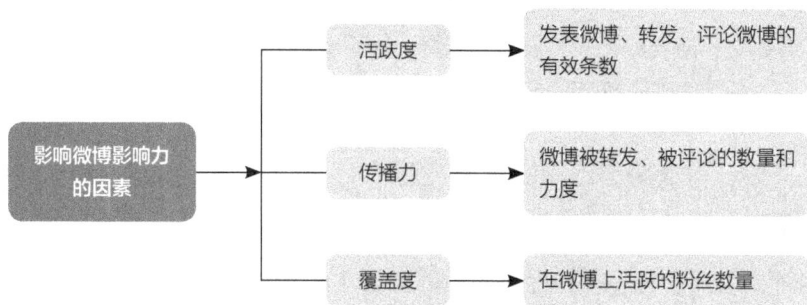

图 3-23　影响微博影响力的因素

因此，商家在进行内容营销的时候，如果想要提升内容的影响力，就要从以上 3 大因素入手。

例如借助拥有大量粉丝的知名博主之手，帮助商家进行内容营销，来实现更好的引流效果，借助知名博主进行内容营销主要有图 3-24 所示的两点优势。

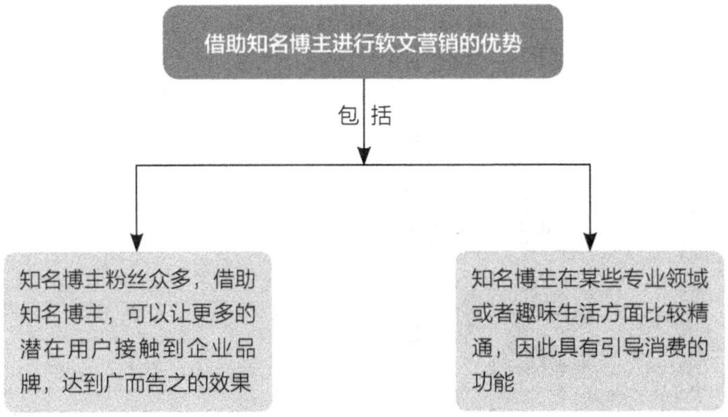

图 3-24　借助知名博主进行软文营销的优势

4. 招纳优秀的人才

运营微博内容不是一件轻巧的事情，每个想要通过微博内容营销来打造互联网品牌的企业，都必须招纳专门的微博内容运营、策划人才。

对于微博内容运营、策划人才来讲，通常需要具备两点职业素养：

（1）具备企业经营范围内的专业知识：只有具备企业经营的专业知识，才能对行业讯息进行正确的判断，保证发布的内容的质量。

（2）具备一定的媒介洞察力和素养：只有具备一定的媒介洞察力和素养，才能够策划出消费者喜欢的内容电商方案。

5. 140 字打造精华

商家在微博上运行内容营销，最好的方法是写 140 字的微博内容，虽然商家可以发长微博，但因为人们对精简的微博内容会更感兴趣一些，所以他们不会花费太多的时间去仔细查看长篇大论的微博。但是发 140 字微博内容需要注意以下几点。

（1）40 字以内吸引住网民眼球：商家在进行内容营销的时候，要在前 40 个字以内就吸引住网民的眼球，那样才会有效果，比如很多企业或组织者在发布加盟开店的微博内容时，就会用短短两行字，直接说明主题，把能够提供给加盟者的好处直接说出来，让有意向的人一眼就被吸引住，就算是没有意向去网上开店的人，也会忍不住多留意两眼，而且很多人看到这样的文字就很容易被吸引，所以即使开始没有意向，也会忍不住产生意向，然后去咨询具体事项。图 3-25 所示为某微博发布的网络开店的软文。

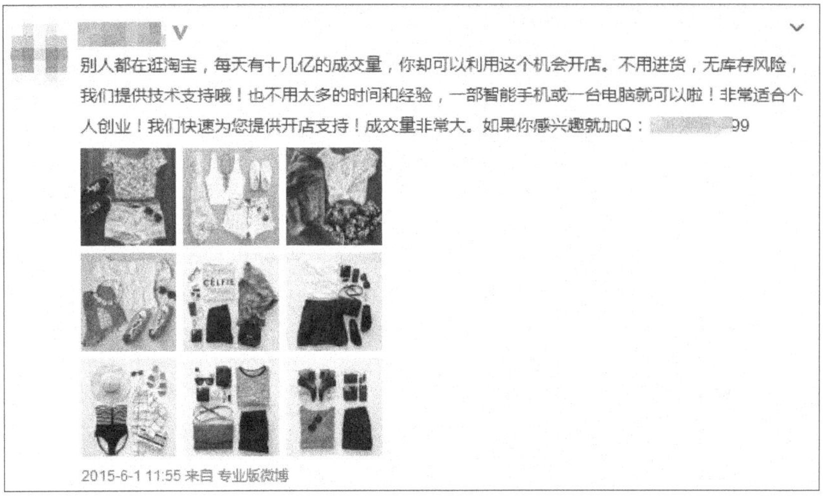

图 3-25　微博发布的网络开店软文

专家提醒

对于商家来说，在前 40 个字就吸引住消费者眼球是一种非常不错的内容营销技巧，但是对于消费者来说，见到这种内容信息，还是要有一定的判断能力，注意不要上当受骗了。

（2）用疑问句来结尾：在微博内容的最后，可以用一个疑问句来结尾，这样就相当于抛出一个话题来供消费者讨论，可以引起更多人的共鸣，图 3-26 所示就是采用疑问句来结尾的微博软文。

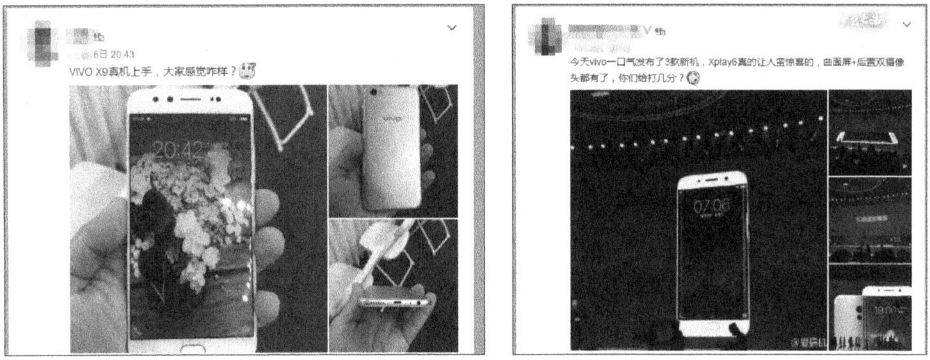

图 3-26　采用疑问句结尾的微博内容

（3）罗列信息：微博内容营销可以使用 1、2、3 等编号形式将软文的信息罗列出来，能够更清晰地阐释软文内容，如图 3-27 所示。

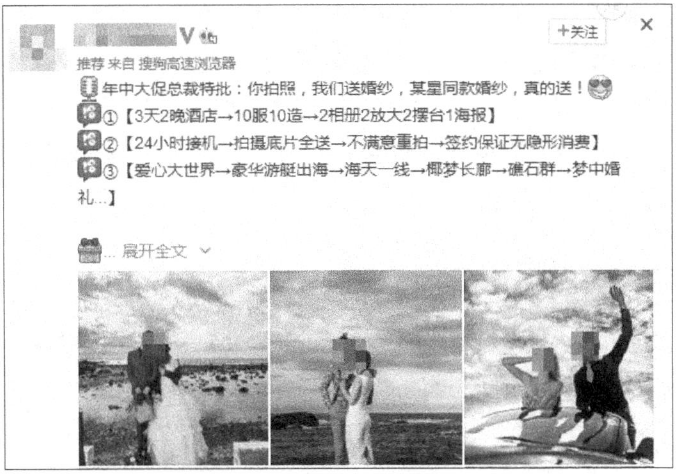

图 3-27　用编号形式来罗列信息

6. 巧用 "@" 功能

在微博软文营销中，"@" 这个功能非常重要，在博文里 "@" 名人微博、知名博主的微博、媒体微博或者企业微博等，如果这些媒体或名人回复你的内容，那么你就很有可能获得一批粉丝的关注，从而扩大了自身软文的影响力，还可以通过知名博主的微博来 "@" 企业自身，也就是直接借助知名博主来给自己打广告的意思，图 3-28 所示就是企业通过知名博主和 "@" 功能来吸引粉丝的事例。

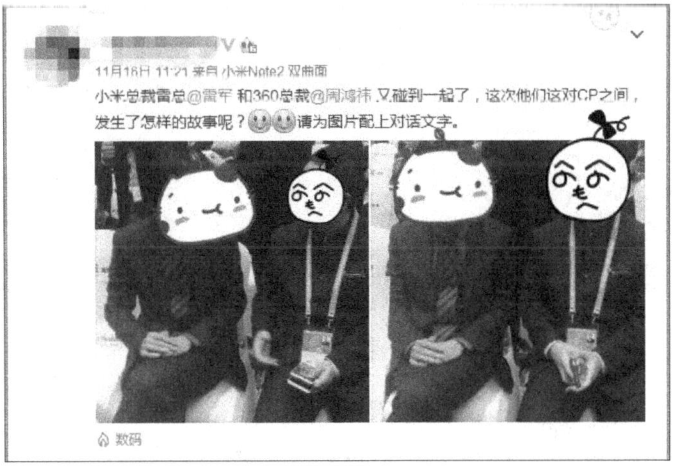

图 3-28　通过知名博主和 "@" 功能吸引粉丝

7. 学会向对手比较

商家要善于向竞争对手学习，对于同一个产品或者同一项服务，商家要仔细研究对手的内容特点，然后取长补短，找出自己的优势所在，将自己具备而对手不具备的优势在微博内容中体现出来。

但是在与对手比较的过程中，要注意不能刻意诋毁对手，要站在客观的角度去进行内容创作，不能为了达到自己想要的营销效果，就刻意去诋毁对手，这样很容易在消费者心目中产生不好的印象。

3.3.3 运营微博内容电商的注意事项

在运用微博进行内容电商和营销活动的时候，还有一些需要注意的地方，下面将重点给大家阐述运营微博内容电商的注意要点。

1. 注意发布内容的时间

微博用户碎片化阅读特征非常明显，因此，商家在运用微博进行内容传播时，要注意微博内容发送的时间段，以获得更多的关注，一般在上班前的时间段（8～9点）或者工作日下班后的时间段（18～23点）内容营销价值比较大，这个时候的转载率是最高的，主要原因如图3-29所示。

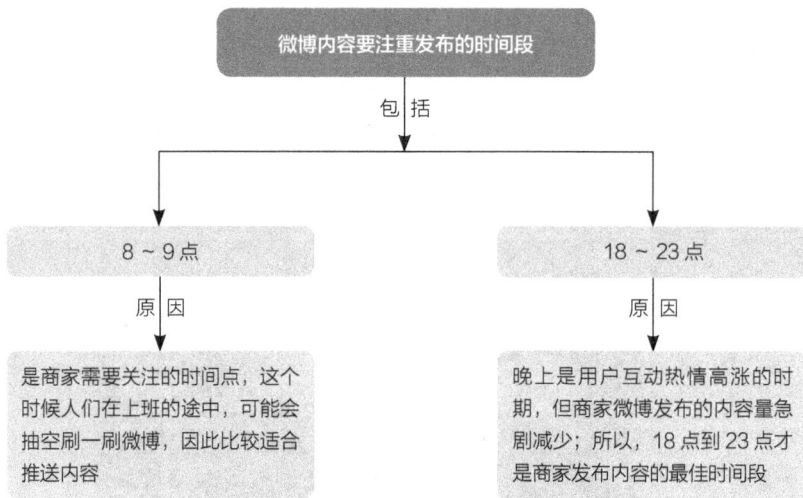

图 3-29 微博内容要注重发布的时间段

2. 跳出转发数据的误区

很多商家会认为，若某条微博的评论数或转发数非常大，那这条微博的营销效果不错。其实不然，只用评论数和转发数来评判微博营销的效果并不那么精准，因为有些转发也是无价值的，因此商家在进行微博营销的时候，需要从以下两方面对营销效果进行判定。

（1）**水军：**有些商家将微博营销外包给其他中介公司来做，而这些中介公司有时候为了让营销效果从表面上看起来特别好，就雇了大量的水军来进行转发和评论，但这些水军并不是真正的粉丝。因此商家想要获得真正的粉丝，还必须整治水军账号，谋取真正的粉丝转发量。

（2）**质量：**商家需要注重内容的质量，而所谓的质量，就是指在运营内容电商的过程中，商家要考虑"评论中有价值的评论有多少？""转发里是否存在高质量账号？""高质量账号有多少？"，如果这几个数据都很低，那么整个内容营销的效果则不能算好。

💡 **专家提醒**

高质量账号是指，带V的用户、相对专业的用户或粉丝数量较多的用户。

3. 注意吸引精准客户群

商家在微博运营内容电商时，需要寻找需要自己产品和服务的客户和潜在客户群，这样才能体现出内容电商针对性强的特点。下面介绍一些寻找精准客户群的技巧。

（1）**话题**

微博上常常会出现各种各样的话题，商家可以根据自己店铺的经营定位，通过这些话题，搜索到参与该话题的人群，这样就能找到自己的精准客户群了。

如果发现某些用户经常参与"#带着微博去旅行#"（如图3-30所示）、"#一起去看海#""#欢乐亲子时光#"这样的话题进行讨论，而你恰好又是经营旅游的，那么就可以通过这样的方法去寻找客户，积极参与此类话题，然后会得到很多评论、赞和转发。

图3-30 "#带着微博去旅行#"话题

（2）微群

微群是一个供相同兴趣爱好的人一起交流互动的平台，商家可以在微群中发起与自己经营范围相关的话题，然后进入到微群里的用户就是你的目标用户了。图 3-31 所示为新浪微群主页。

图 3-31　新浪微群主页

（3）标签

商家可以通过分析微博用户的标签，然后按照年龄、性别等方式对他们进行归类。如果你的目标客户正好和某一人群重合，则这类微博用户就会是你的潜在客户，此时即可利用内容来吸引这些人群。

4. 注意培养转化粉丝群

商家找到目标客户或潜在客户后，就应该想尽一切办法，将他们变成自己的粉丝，下面讲解将目标客户转变为粉丝的方法，如图 3-32 所示。

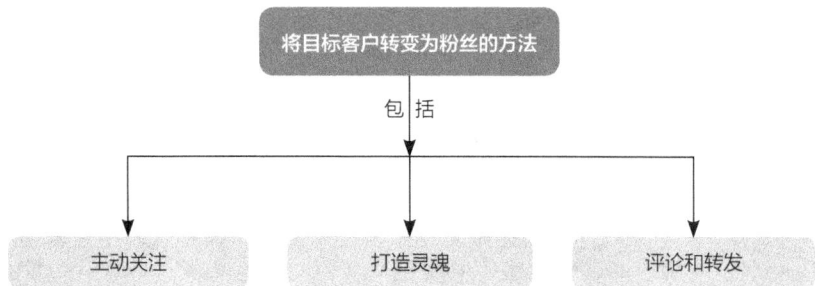

图 3-32　将目标客户转变为粉丝的方法

（1）主动关注

商家不能一直都等着别人来关注自己，应该学会主动出击，主动关注目标客户。一般情况下，普通用户在得到新粉丝之后，微博都会发送信息来提示，此时很多人都会习惯性地点击回访一下关注人的微博。另外，商家还可以主动给进入过自己微博的用户发送私信，来引导用户关注自己，如图 3-33 所示。

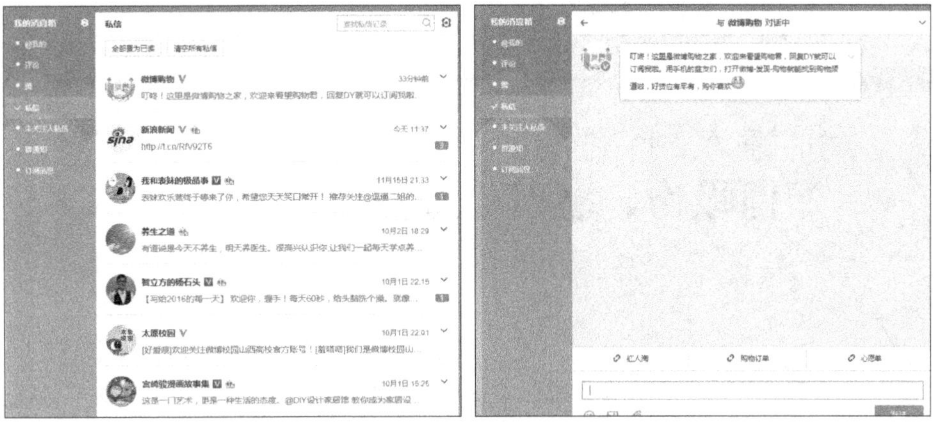

图 3-33　利用私信引流

（2）打造灵魂

商家想要为微博增粉，就必须打造优质内容，打造优质内容的方法可以是发布自己的想法、心情或身边的趣事、新鲜事等，若企业想要赢取用户信任就一定要让他通过微博感受到企业的真实，而不是一个冷冰冰的机器，不要只发布一些推广信息和软文，可以多发布与生活相关的事情、恶搞段子、图片、时事、经验等。

（3）评论和转发

商家可以在微博用户的博文下写一些有价值、有深度的评论，这样能引起微博用户的注意，除了评论之外，还可以转发，这样会让用户觉得"受宠若惊"，从而增加对企业的关注。

通过评论和转发，可以与用户建立起一座互粉的桥梁，届时用户成为你的粉丝也就不是什么难事了，这种方法需要持之以恒，并且需要用心去评论别人的信息，只有这样才能取得好的效果。

5.　内容和互动同样重要

有些企业和商家，在微博运营内容电商的过程中，由于营销方式很多，造成人手忙不过来的情况，他们就会请一些兼职人员，规定他们只要平均每天发一条微博内容，就算微博营销任务基本完成，这样做的后果很有可能削减微博营销的效果。

微博营销的关键就在于内容发布后不断地与用户进行互动，来保持或增加用户对微博的关注度。因此，微博营销并不局限于发布内容上，它是由很多小环节，一环扣一环而组成的，并不是每天发布内容就算完成微博营销的任务。

第4章

流量入口：
如何吸粉、增粉、爆粉

在国内的新媒体平台中，今日头条、百度、一点资讯、微信、QQ、微博等都存在十分醒目和诱人的社交红利。尤其在移动互联网时代，用户在各种社交网络上停留的时间与日俱增，企业想要通过内容运营来吸粉、增粉、爆粉，必须掌握新媒体这个巨大的流量入口。

学前提示

要点展示

>> 内容引流：内容可以在哪些地方吸粉
>> 电商导流：常用的方式与经典案例
>> 电商推广：淘宝店铺如何快速获得流量

4.1　内容引流：内容可以在哪些地方吸粉

在"互联网＋"时代，各种新媒体平台将内容创业推向高潮，再加上移动社交平台的发展，为新媒体运用带来了全新的粉丝经济模式，一个个拥有大量粉丝的人物 IP 由此诞生，成为了新时代的商业趋势。本节主要介绍商家在进行内容电商引流时，需要用到的一些热门新媒体平台。

4.1.1　头条号：你创作的，就是头条

头条号又称为"今日头条媒体平台"，是由"今日头条"推出的一个媒体 / 自媒体平台，可以帮助各种企业、个人创业者以及机构等对象扩大自身影响力，增加曝光激活的关注度。

图 4-1　头条号发布的内容由今日头条来呈现

如今，很多已经成为超级 IP 的网络红人都开通了头条号来宣传自己的品牌，以及实现内容变现的目标，如图 4-2 所示。

图 4-2　头条号中的部分超级 IP

　　另外，在拥有海量用户的"今日头条"APP中，头条号为其带来了更多的优质内容，对于用户来说可以获得更好的使用体验，而对于创业者和企业来说，可以拴住更多用户的"心"。

　　同时，"今日头条"APP采用大数据算法，让你创作的内容可以快速、精准地送达目标用户的手机上。图4-3所示为"今日头条"APP上的新闻内容。其中，一些比较有趣和紧扣热点的文章的阅读量往往都能达几十万，收藏量也能上万。

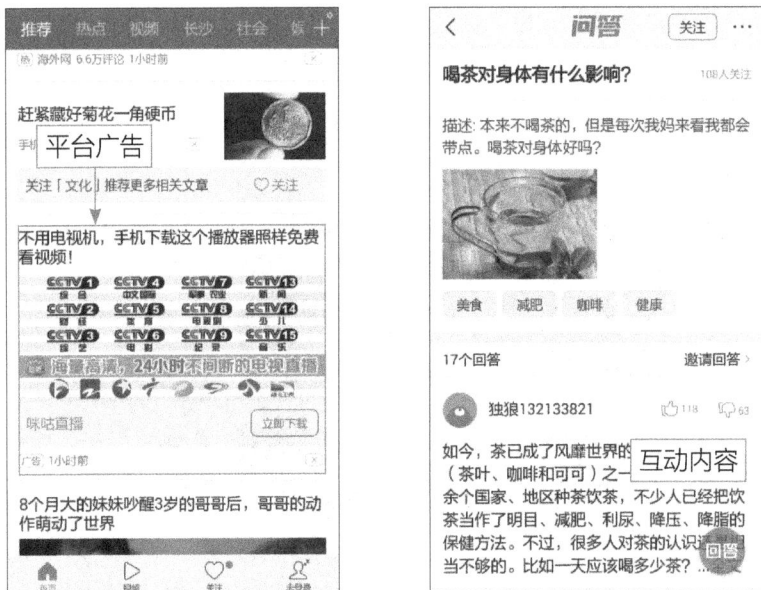

图4-3　"今日头条"APP

　　图4-4所示为头条号的3大亮点。头条号的口号是"你创作的，就是头条"，入驻媒体/自媒体等创业者可以在头条号中专注内容创作，并通过"头条广告"和自营广告等途径达到更多变现的目的。

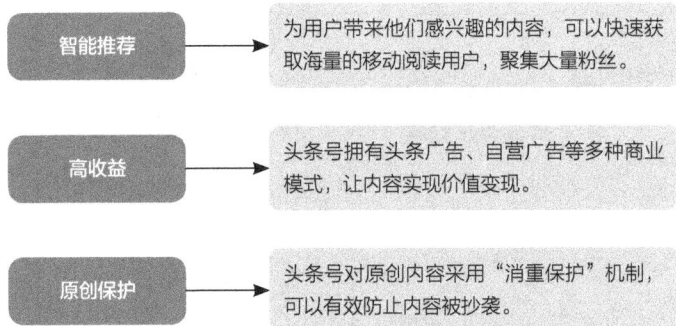

智能推荐	为用户带来他们感兴趣的内容，可以快速获取海量的移动阅读用户，聚集大量粉丝。
高收益	头条号拥有头条广告、自营广告等多种商业模式，让内容实现价值变现。
原创保护	头条号对原创内容采用"消重保护"机制，可以有效防止内容被抄袭。

图4-4　头条号的3大亮点

💡 专家提醒

申请头条号时，需要注意一些细节：提供的原创内容的链接必须真实有效；文章内容最好采用软文的形式来撰写；必须按照系统的要求上传信息清晰的证件照片，尤其是手持身份证照片必须清晰。

4.1.2 百度百家：百度新闻原创栏目

百度百家是百度针对互联网内容创业者开发的一个新媒体平台，囊括了来自互联网、时政、体育、人文等多个领域的自媒体人，图4-5所示为其主页。

图4-5 百度百家主页

另外，百度百家还引用了"百家争鸣"的做法，经常会以"辩论"的形式开展一些热门话题的讨论，来引起用户关注与参与，如图4-6所示。

图4-6 "百家争鸣"主页

百度新闻 APP 的百家栏目就是百度百家的内容展示地，如图 4-7 所示。百度新闻 APP 通过"百度大数据＋自然语音理解技术"为用户带来不一样的新闻阅读体验，为他们推荐个性化的文章内容，建立完整的自媒体生态链。

图 4-7　百度新闻手机端

百度百家通过百度联盟的商业模式（如图 4-8 所示），让互联网内容与企业广告实现良性的交互转换，无缝对接内容创作者、读者以及他们之间的传播者。

百度百家也是一个去中心化的新媒体平台，只要是好的内容，就可以在百度百家中得到大力的推荐，而且可以在自媒体群中引发震动效应。

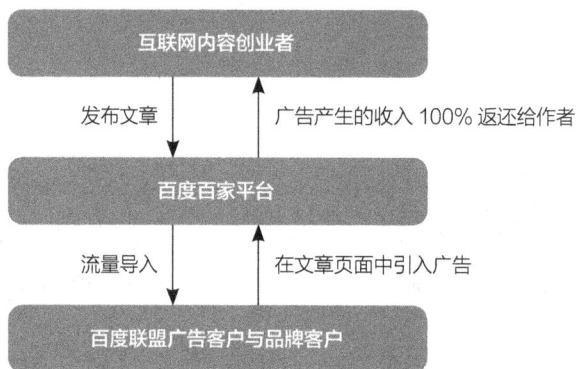

图 4-8　百度百家的运作模式

4.1.3　一点号：高度智能的内容平台

一点号是由一点资讯推出的一个内容发布平台，个人媒体、机构媒体、政府政务组织、企业以及其他组织等都可以申请注册该平台，如图4-9所示。

图4-9　一点号新媒体平台

当你申请到一点号账号后，即可通过一点资讯平台为用户提供更精准的资讯内容。图4-10所示为一点资讯APP端。

图4-10　一点资讯APP

一点资讯APP首创"兴趣引擎"模式，以用户兴趣为引导来推送各种资讯，同时结合了个性化推荐和搜索技术，成为移动互联网时代高效、精准的内容分发平台。一点资讯APP通过掌握并分析不同用户的兴趣，然后根据用户的主动订阅行为来加强对其兴趣的解读，并在这些兴趣之间建立一种连接关系，主动为用户推荐他们感兴趣、想看的内容。

一点资讯的内容分类也比较清晰，如PC端包括了首页、热点、社会、股票、美女、搞笑、科技、互联网、财经、军事、体育、趣图、汽车、健康、时尚、科学等常见的内容形式，如图 4-11 所示。

图 4-11　一点资讯 PC 端

丰富的内容再加上独特的"兴趣引擎"，一点资讯通过移动互联网技术极大地提高了用户体验，这对于互联网创业者来说，也为他们带来了更多的用户群体，可以帮助优秀的自媒体人更快地找到与自己匹配的粉丝。

4.1.4　企鹅媒体：优质内容的准确曝光

企鹅媒体平台推出的时间并不长，它创建于 2016 年 3 月 1 日，是由腾讯开发的另一个新媒体平台，如图 4-12 所示。

图 4-12　企鹅媒体平台主页

企鹅媒体平台对微信与 QQ 的不足之处进行了改进，加强了图 4-13 所示的 4 个方面的能力。

图 4-13　企鹅媒体平台的优势

- 开放全网流量：通过天天快报、腾讯新闻客户端、微信新闻插件、手机 QQ 新
  闻插件、QQ 公众号、手机腾讯网、QQ 浏览器等渠道，为内容创业者找到最
  适合的读者群体，特点如图 4-14 所示。

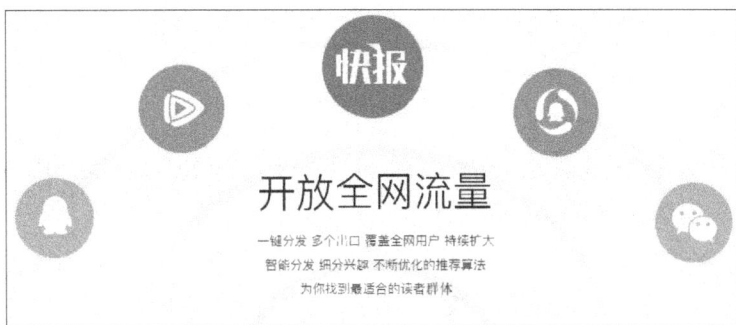

图 4-14　开放全网流量的主要特点

- 开放内容生产工具：让每一个内容生产者拥有强大且易用的媒体生产工具，而
  且平台还将持续开放更多的内容能力，特点如图 4-15 所示。

图 4-15　开放内容生产工具的主要特点

- 开放用户连接：企鹅媒体平台利用微社区平台让粉丝与内容创业者实现互动交流，帮助创业者引流并与粉丝建立连接，积累粉丝资源，如图 4-16 所示。

图 4-16　开放用户连接的主要特点

- 开放商业变现能力：为自媒体创业者提供全新的渠道来提高互联网内容变现能力，实现他们的商业价值目标。

腾讯作为国内最大的互联网内容平台企业，它对企鹅媒体平台的定位十分明确，主要包括两个方面，即"连接器"和"内容平台"。另外，腾讯通过多个移动客户端来分发这些内容，图 4-17 所示为手机 QQ 和微信中的新闻插件，这些都极大地增加了内容的曝光量，并且可以通过打赏等盈利模式帮助内容发布者快速实现内容变现。

图 4-17　"腾讯新闻"插件

4.1.5 微信公众号：超级 APP 入口

在移动互联网时代，企业进行营销的工具主要有两种，一种是企业自主研发的 APP，另一种就是以微信为代表的社交平台。

2011年1月21日，腾讯针对火爆的智能手机市场推出一款提供即时通信服务的免费应用程序，即微信。

微信公众平台是腾讯公司在微信的基础上新增的功能模块，借助这个交流平台，个人和企业都可以打造一个微信公众号，并实现和粉丝以文字、图片、语音的形式的全方位沟通、互动。

微信公众号又可以分为服务号、订阅号和企业号，如图4-18所示。

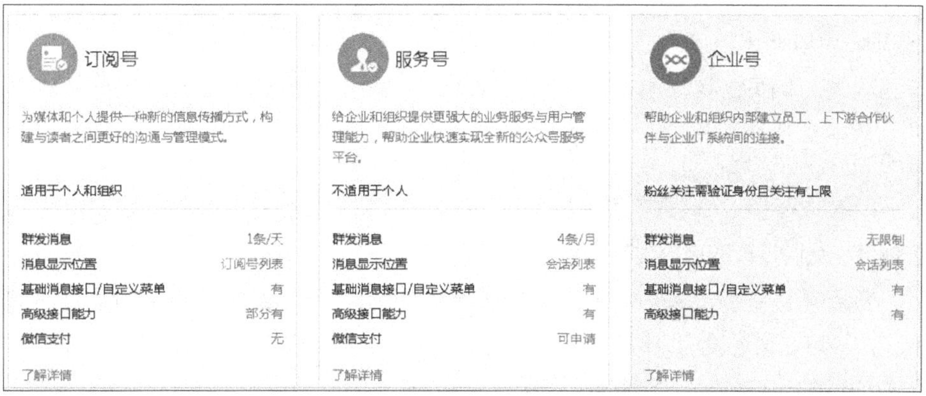

图4-10 微信公众号的3大类

- 服务号：帮助企业快速建立新的公众平台，企业可以通过认证增加用户的信任度。
- 订阅号：订阅号是一种媒体社交平台，通过为用户提供优质的内容，从而建立黏性关系。
- 企业号：企业号的服务对象通常是大型企业、政府机关、学校、医院等事业单位和其他非政府组织，这些机构可以运用企业号简化企业的管理流程、提高信息的沟通和协同效率、提高员工管理能力。

2013年3月，微信开放了公众号自定义菜单 API，从此，企业和创业者可以通过自定义菜单搭建一个基于微信的服务平台，对用户进行分类推送，构建展示自己的移动导购平台，如图4-19所示。

对于企业来说，可以借助微信公众平台这个社交入口，实现和用户的一对一互动，确保产品或服务消息的及时推送和阅读，以吸引用户消费，达到挖掘用户购买力的目的。

企业可利用自定义菜单功能在公众平台的会话界面底部增加自定义菜单，用户点击菜单中的选项，可以调出相应的回复信息或网页链接。

图 4-19　自定义菜单 API

微信公众平台将"再小的个体，也有自己的品牌"作为宣传口号，足以见得它对个体商家品牌推广的重要性与适用性。

在微信中，用户之间不存在任何距离限制，可以即时与其他注册用户形成一种联系。用户可以通过微信订阅自己所需的信息；而企业则可以通过针对用户的需求，推广自己的产品，从而实现点对点的营销。

如今，微信已经走过了 6 年的发展历程，从最初的社交通信工具，成长为连接人与人、人与服务、人与商业的移动入口。微信作为一个超级 APP 入口，通过开放合作，拉近了相关行业的产品和服务与用户的距离，同时也带动各领域的发展。

4.1.6　新浪微博：重要的社交网络入口

与国外的 Twitter 类似，新浪微博也是一个由 140 个字构成的小世界，但它却能够创造出很大的信息价值，成为互联网时代重要的社交网络入口。前面的章节已经介绍了微博内容营销的具体方法，这里只是再次强调一下微博这个重要的社交网络入口对于内容电商引流的重要性。

虽然，微博进入人们的视线才短短几年，但其带来的营销价值却是惊人的。在互联网与移动互联网快速发展的时代，微博凭借其庞大的用户量以及操作的便利性，逐步发展成为企业营销的利器，为企业创造了巨大的收益。

另外，微博在移动端的布局成效也比较明显，截止到 2015 年年底，微博移动端的日活跃用户达到 9400 万，月活跃用户接近 2 亿，日活跃用户的占比达到 89%，接近社交网络巨头 Facebook 的数据。

如今，微博已经从单纯的社交和信息分享平台转化成社交网络入口，在互联网时代，微博凭借其巨大的商业价值属性成为了企业抢占的重要"战地"。微博的特点主要体现在以下几个方面，如图 4-20 所示。

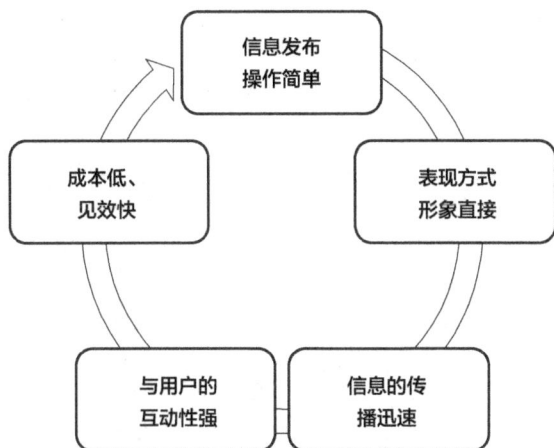

图 4-20　微博的特点

小小的微博却蕴含着非常巨大的能量。微博凭借其拥有庞大的用户群体，能为企业带来更多的用户。发微博就像是站在广场中发言一样，信息是完全公开的，其他人可以阅读和转发自己感兴趣的信息。

这样，信息就可以迅速传播到更多产品、关系链和社群中，每条信息都是一个重要的管道和入口，形成口碑效应和"病毒传播"。

4.1.7　QQ 公众号：沉积 8 亿用户资源

腾讯 QQ 平台聚集着大量人群，能为商家店铺带来更多的流量，是不能忽视的社交网络入口。在笔者看来，腾讯 QQ 这块小小的地方拥有的是无穷的能量，商家如果能够运用一定的技巧，好好利用 QQ 这个平台，一定能够取得不错的营销效果。

QQ 公众平台与微信公众平台比较类似，都属于腾讯旗下的新媒体平台，但它的载体是手机 QQ 客户端，QQ 在 18 年的时间里来沉积了超过 8 亿的用户资源。

在手机 QQ 中的"联系人"界面，即可看到有一个"公众号"功能，点击后进入其界面，在此列出了用户关注的一些公众号，如图 4-21 所示。

在"公众号"界面，点击相应的公众号名称即可进入公众平台的详情页面，如图 4-22 所示。QQ 公众平台同样具有支付、电商、营销等功能，符合新媒体创业者的基本需求。

QQ 公众平台入口在手机 QQ 的联系人界面

图 4-21　进入"公众号"界面

QQ 公众平台的详情页面

QQ 公众平台的电商功能

图 4-22　QQ 公众号的电商与支付功能

　　另外，用户还可以在"公众号"界面的右上角看到一个"添加"按钮，点击后可以查看全部公众号分类，如文化、服务、财经、明星、漫画、时尚、商业、出游、娱乐、体育、游戏、情感、乐活、购物、资讯等，基本上囊括了所有内容创业的类型，点击相应的类别即可进入查看具体的公众号，用户可以在此选择自己感兴趣的内容进行关注。

QQ 公众平台的主要特点如下所示。

- 强势的平台技术。
- 海量的用户数据沉淀。
- 强大的社交关系网络。

总之，QQ 公众平台将品牌、互联网创业者、消费者等不同群体有效地聚集在一起，并且保持开放合作的姿态，同平台创业者们一起打造一种全新的商业模式。

4.1.8 易信：让内容运营起来更方便

易信公众平台是由中国电信和四大门户之一的网易共同推出的，强大的背景为其提供了一定的渠道资源，对于个人用户、企业机构以及明星人物来说，可以更方便地使用该平台为自己的用户提供更好的服务。

进入易信公众平台主页，点击右上角的"还没账号？立即注册"链接，即可进入注册页面，输入账号、密码、手机号、验证码后，单击"完成"按钮，如图4-23所示。之后根据提示填写相关内容，包括账号信息、登记信息、负责人信息，之后提交注册即可。

图 4-23 易信公众平台注册页面

易信公众平台的后台操作与微信比较类似，而且平台也在不断拓展公众号的特色服务，使内容运营更加方便，如图 4-24 所示。

💡 专家提醒

易信公众平台高级运营服务主要为公众号提供"抽奖""发码""投票"等服务，后续应该还会提供更多的增值服务。

图 4-24　易信公众平台的特色服务

4.1.9　搜狐公众平台：内容运营全平台

搜狐公众平台是由四大门户之一的搜狐推出的一个分类内容的入驻、发布和分发全平台，如图 4-25 所示，用户可以免费申请公众平台账号，在其中输出自己的行业内容，并在此得到一定的订阅用户数，以提升自身的影响力。

在搜狐公众平台主页，单击右上角的"立即注册"按钮，即可进入注册页面，如图 4-26 所示。用户可以通过手机号进行注册，并选择需要的账号类型，然后填写资料提交即可。

图 4-25　搜狐公众平台主页

图 4-26　搜狐公众平台注册页面

图 4-27 所示为搜狐公众平台的主要特点。内容创作者可以借助搜狐三端平台强大的媒体影响力，大力推广自媒体内容。

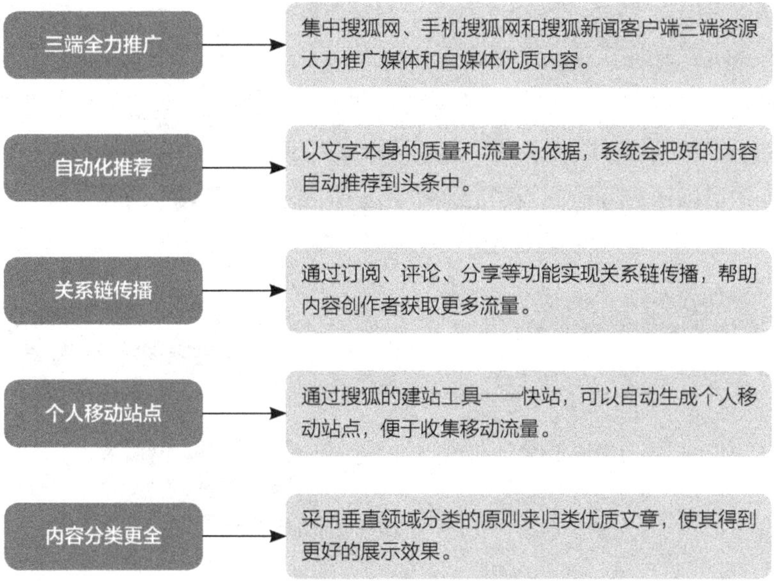
三端全力推广
集中搜狐网、手机搜狐网和搜狐新闻客户端三端资源大力推广媒体和自媒体优质内容。
自动化推荐
以文字本身的质量和流量为依据，系统会把好的内容自动推荐到头条中。
关系链传播
通过订阅、评论、分享等功能实现关系链传播，帮助内容创作者获取更多流量。
个人移动站点
通过搜狐的建站工具——快站，可以自动生成个人移动站点，便于收集移动流量。
内容分类更全
采用垂直领域分类的原则来归类优质文章，使其得到更好的展示效果。

图 4-27 搜狐公众平台的主要特点

其中，搜狐新闻 APP 是搜狐公众平台的内容最佳展示地，在方寸之间聚合优质媒体资源，通过“订阅平台 + 实时新闻”的方式，为用户带来个性化的阅读体验，如图 4-28 所示。

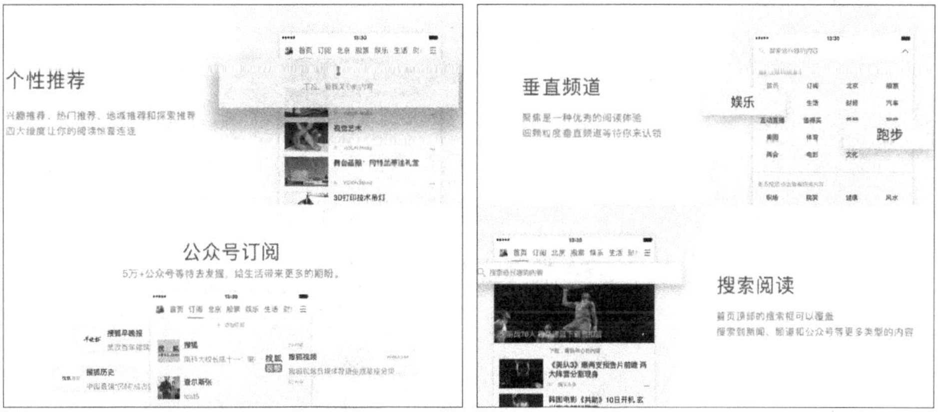
个性推荐
公众号订阅
垂直频道
娱乐
跑步
搜索阅读

图 4-28 搜狐新闻 APP 的特色功能

搜狐公众平台的申请比较简单，而且还容易通过，内容发布起来比较方便，流量也非常不错，是一个值得推荐的内容平台。

4.1.10 网易号：内容分发与品牌助推平台

网易的影响力是不容忽视的，内容创作者在申请网易的新媒体平台时，必须使用网易邮箱进行申请。网易的媒体开放平台名叫网易号，在其中发布的文章即可出现在网易新闻 APP 中。

网易号媒体开放平台的内容发布形式有两种：手动发布；快捷的抓取发布。"网易号"没有单独开发APP，而是在网易新闻APP中添加了一个相关的频道，如图4-29所示。用户可以将"网易号"调整到 APP 主页，方便阅览其中的内容，这也表示优质的内容将会更快地送达给目标用户，如图 4-30 所示。

图 4-29 "网易号"栏目

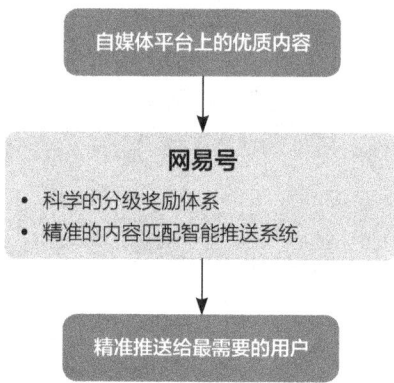

图 4-30 "网易号"的作用

网易新闻以"有态度"作为自己的宣传口号，并且通过流畅的用户体验、及时的新闻内容以及"犀利"的评论内容等受到用户的青睐。

2016 年年初，"网易号"推出"网易自媒体亿元奖励计划"，并于 2016 年 5 月开始执行。例如，五星级账号"橘子娱乐"就获得了 4 万多元的奖金，如图 4-31 所示。

网易号的到来，让互联网内容创业者看到新的亮点。它具有高效分发、原创保护、现金补贴、品牌助推等诸多功能，是一个值得入驻的新媒体平台。

图 4-31 自媒体奖励计划

4.1.11　网易云阅读：聚合互联网资讯

　　网易云阅读开放平台主要是为用户提供各种各样的优质阅读作品，很多媒体人都选择在这里进行新书首发以及热剧原著的发布。网易云阅读开放平台有单独的 APP 来展现其中的丰富内容，而且覆盖了 iOS、Android、Windows 等终端设备，如图 4-32 所示。

图 4-32　网易云阅读 APP 的特色功能

图 4-33 所示为网易云阅读开放平台的优势特点。

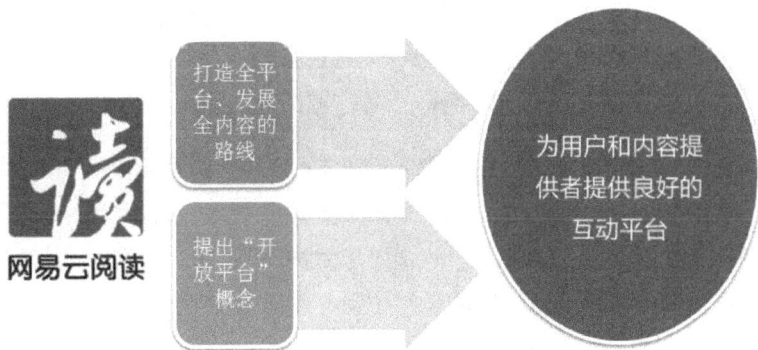

图 4-33　网易云阅读开放平台的优势

- **原创作者：**对于原创作者来说，网易云阅读开放平台提供了优厚的作者福利，可以实现自己的写作梦想。
- **自媒体人：**对于自媒体作者来说，这里可以自由表达自己的思想，而且可以随时将自己的文章结集出版，享受收益。

- **内容提供机构：** 对于内容矩阵来说，可以一键提交轻松入驻，将内容交给云阅读来打理，接受千万用户的海量订阅，还可以通过专业的后台批量上传并排版电子书，独享内容收益。

4.1.12 凤凰号：图文影音综合资讯平台

凤凰自媒体是由凤凰网推出的一个图文影音的综合资讯平台。2016年8月3日，凤凰自媒体更名为"凤凰号"，以此加速品牌化进程，形成差异化的竞争格局。

如果用户要管理自己的自媒体内容，可以通过凤凰新闻客户端来进行管理，以及查看和订阅自媒体内容，如图4-34所示。

图4-34　凤凰新闻客户端

"凤凰号"的服务对象主要包括个人自媒体和媒体机构两类，它可以帮助这些人实现优质内容的有效分发，其渠道主要有凤凰新闻客户端、凤凰网、手机凤凰网、凤凰视频客户端等。同时，"凤凰号"也通过与优质公众号进行合作，深耕高质量内容领域，为用户带来专业、好看、有营养的内容。

4.1.13 UC头条：信息流式交互体验

如今，内容创业已经成为自媒体人转型的首选，而内容分发平台成为了新一代的信息入口工具。"UC头条"正是UC浏览器团队潜心打造的新闻资讯推荐平台，通过大数据推荐和机器学习算法，为用户提供优质贴心的文章，如图4-35所示。

"UC头条"是一个更为精准的移动互联网入口，它让信息更精准地连接到每一个用户，使用户融入到信息流式交互体验中，为用户提供个性化阅读体验。

图 4-35 UC 头条

UC 浏览器为了获得更多的年轻用户，提高移动端的用户黏性，还积极布局"泛娱乐化"战略。例如，UC 浏览器在 2016 年 3 月 19 日推出全球首部全明星阵容的手机真人互动剧，这也是 UC 浏览器在内容营销、泛娱乐化合作的重要尝试和布局。

UC 浏览器凭借不断的技术创新和卓越的市场前瞻力，引领着手机浏览器的发展，并持续推动着全球移动互联网产业的进步。相关数据显示，UC 浏览器目前已占据全球市场份额的 17.42%，成为了全球第二大移动端浏览器。

💡 专家提醒

UC 浏览器也在移动端竭尽全力打造方便、人性化的用户体验。例如，UC 浏览器针对喜欢用手机看小说的用户推出了"智能阅读"功能，用户可方便地对阅读内容进行预读、字体大小、背景颜色、翻页方式、切换夜间模式、换源、回到书架等设置。

4.1.14 国内其他优秀新媒体网站分析

除了前面介绍的一些重要的内容运营平台外，国内还有很多优秀的新媒体网站，下面将分别进行介绍，如图 4-36 所示。

对于内容电商运营人员来说，这些新媒体网站拥有较高的权重，而且百度的收录也非常快，是内容运营的补充平台。同时，这些新媒体网站对于原创的优质文章非常重视，会对其进行深度介绍。

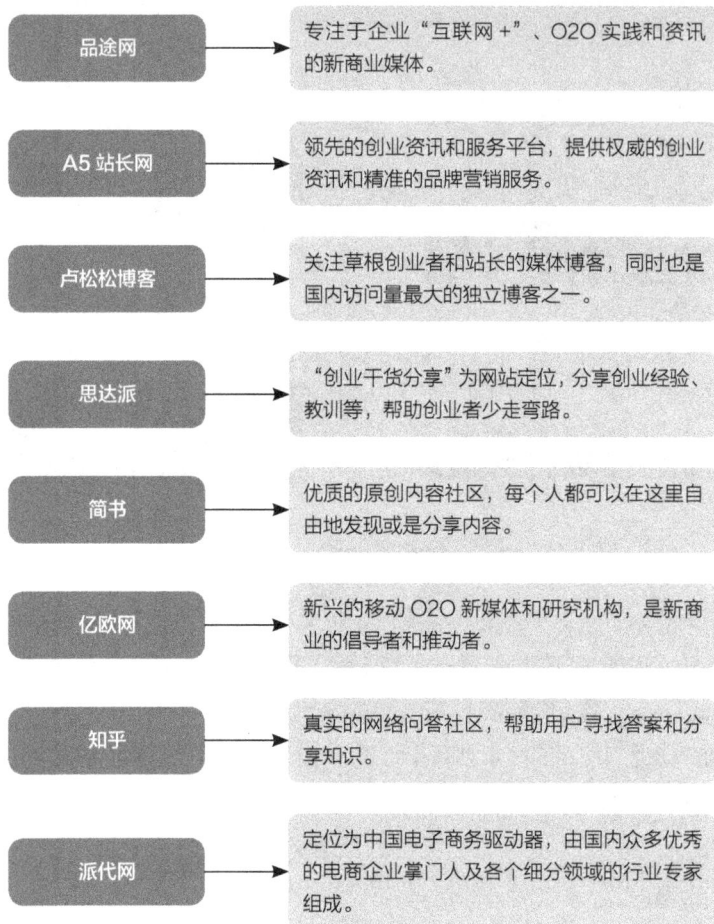

品途网	→	专注于企业"互联网＋"、O2O 实践和资讯的新商业媒体。
A5 站长网	→	领先的创业资讯和服务平台，提供权威的创业资讯和精准的品牌营销服务。
卢松松博客	→	关注草根创业者和站长的媒体博客，同时也是国内访问量最大的独立博客之一。
思达派	→	"创业干货分享"为网站定位，分享创业经验、教训等，帮助创业者少走弯路。
简书	→	优质的原创内容社区，每个人都可以在这里自由地发现或是分享内容。
亿欧网	→	新兴的移动 O2O 新媒体和研究机构，是新商业的倡导者和推动者。
知乎	→	真实的网络问答社区，帮助用户寻找答案和分享知识。
派代网	→	定位为中国电子商务驱动器，由国内众多优秀的电商企业掌门人及各个细分领域的行业专家组成。

图 4-36　其他优秀新媒体网站及其特点

随着现代化网络的快速发展，新媒体内容运营伴随着自媒体的高速发展而诞生，逐渐成为商家和企业追捧的一种运营方式。因此，电商企业和内容创作者了解一些新媒体网站的相关知识是很重要的。

4.1.15　国内新锐自媒体平台特点分析

当然，在互联网中，还有一些新锐自媒体平台，他们或者有独到的见解，或者在某些垂直领域有很大的影响力，这些平台也成为了内容电商运营者应关注和加以运用的工具，同时它也是内容素材和资讯信息的最佳来源，如图 4-37 所示。

对于内容电商的相关从业者来说，一定要多看多分析这些新锐自媒体平台，认真做好内容分析，找出对方平台上值得自己学习的优势，并将这些优势适量、适时运用到自己的平台上，提高自己的竞争力，同时也要进一步挖掘自身优势，并将自身优势做得更好。

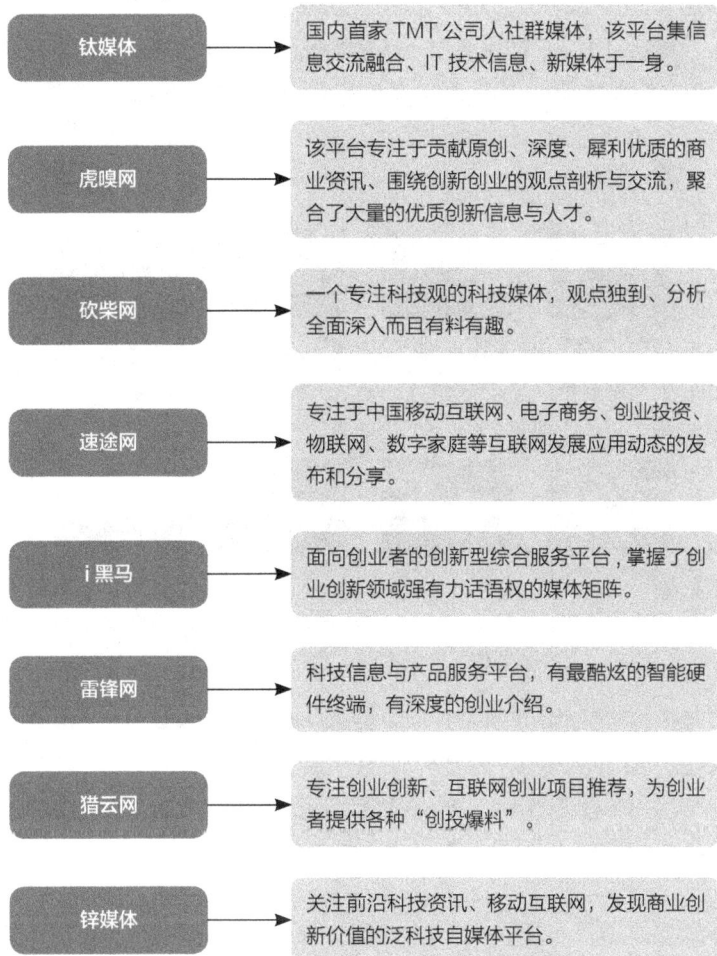

钛媒体	国内首家 TMT 公司人社群媒体，该平台集信息交流融合、IT 技术信息、新媒体于一身。
虎嗅网	该平台专注于贡献原创、深度、犀利优质的商业资讯、围绕创新创业的观点剖析与交流，聚合了大量的优质创新信息与人才。
砍柴网	一个专注科技观的科技媒体，观点独到、分析全面深入而且有料有趣。
速途网	专注于中国移动互联网、电子商务、创业投资、物联网、数字家庭等互联网发展应用动态的发布和分享。
i黑马	面向创业者的创新型综合服务平台，掌握了创业创新领域强有力话语权的媒体矩阵。
雷锋网	科技信息与产品服务平台，有最酷炫的智能硬件终端，有深度的创业介绍。
猎云网	专注创业创新、互联网创业项目推荐，为创业者提供各种"创投爆料"。
锌媒体	关注前沿科技资讯、移动互联网，发现商业创新价值的泛科技自媒体平台。

图 4-37 国内部分新锐自媒体平台

4.2 电商导流：常用的方式与经典案例

很多有商业头脑的明星、企业高管以及自媒体人早早就布局了电商业务，或开淘宝网店，或开手机微店，利用自己的强大号召力和粉丝基础，通过内容进行电商导流，然后在电商平台以销售产品的形式来实现变现。

4.2.1 用网红思维卖货

在互联网时代，对于互联网创业者来说，如果选择电商变现的方式，则需要学会用互联网思维卖货的技巧。

例如，"中岛佳子"不仅是淘宝达人，还拥有淘宝主播、淘女郎、闺蜜网美容达人、爱美网美容达人、美啦萌主、YOKA时尚网美容达人、PC太平洋论坛美容达人、明星衣橱达人、美晒网达人、自由撰稿人等多重身份，她就很善于利用搭配内容在各大女性网站为自己的店铺导流，其达人主页如图4-38所示。

图4-38 "中岛佳子"的淘宝达人主页

通过这些平台分享自己的美容护肤、健康保养以及美妆心得，而这些网站的主要用户群体又是有这类需求的女性用户，因此引流效果更精准。例如，"中岛佳子"的微博昵称为"喵呜小佳2013"，她是微博时尚达人和微店商达人，经常通过微博分享各种内容来为电商平台导流，如图4-39所示。

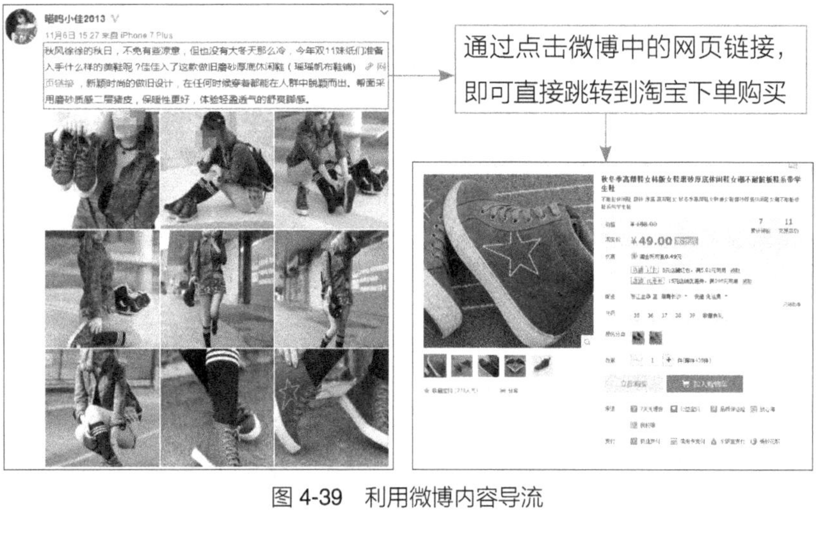

通过点击微博中的网页链接，即可直接跳转到淘宝下单购买

图4-39 利用微博内容导流

这种用互联网思维卖货的红人电商模式，可以更加精准地把握客户需求，流量成本更低、转化率更高，具有更多的变现优势，如图 4-40 所示。

图 4-40　电商变现的影响因素与优势

4.2.2　罗辑思维卖书、卖年货

罗辑思维 IP 的创始人叫罗振宇，他具有多重身份，如脱口秀主持人、资深自媒体人、说书人、卖书商家等，在内容创业的风口中，罗辑思维通过互联网内容树立个人品牌 IP，吸引了一批粉丝最终得以变现。

罗辑思维总结了 5 点"心法"：用死磕自己唤醒尊重、用情感共鸣黏住用户、用人格思维凝结社群、用势能思维建立品牌、用社群力量拓展边界。早在 2013 年微信开始火爆之际，罗辑思维就通过一年的时间将其粉丝数涨到了 110 万，同时罗振宇每天坚持在微信上推送语音，如图 4-41 所示。

图 4-41　罗辑思维微信公众号

罗辑思维率先尝试以会员收费模式来实现内容电商变现，售卖会员是很多互联网内容创作者的主要盈利方式，但要在 6 个小时内卖出 5500 个会员，猛赚 160 万元，这样的案例恐怕就很少见了，而罗辑思维却做到了。据悉，罗振宇第一次只用了 5 个小时就售卖会员费 160 万元，第二次则仅仅用了 24 个小时售卖了 800 万元的会员费，其吸金能力可谓惊人。

另外，罗振宇还在优酷上开播个人脱口秀节目，赢得了不少人气。据悉，罗辑思维在优酷的视频播放数超过 4 亿次，粉丝人数达到 150 多万。积累到一定人气后，罗辑思维又开始进军电商领域，在微信公众平台上采用电商模式进行变现，如图 4-42 所示。

图 4-42　罗辑思维的微信商城

将前期的关注量转换为粉丝，罗辑思维选择了微信这个社交平台，借此与粉丝之间形成一种交互关系，并通过微信电商来将视频内容积累的影响力变现。

另外，罗辑思维还在天猫上开了一家旗舰店售卖独家版的书籍，同时还卖一些年货、茶叶、礼盒等商品，价格比较适中。2016 年 1 月 12 日，罗振宇在"2016 天猫全球商家大会"中以卖家的身份出现，并创下了 10 天 100 万的超高销量。图 4-43 所示为罗辑思维天猫旗舰店，销售产品包括经管商业、人文社科、艺术文学、童书绘本、生活方式等类型的书籍。

图 4-43　罗辑思维天猫旗舰店

4.2.3　淘宝网红通过内容电商快速变现

前面介绍的"中岛佳子"就是一个淘女郎，同时也是电商网红的典型代表，她们正在改变淘宝甚至改变电商的格局，让个人 IP 得以通过电商快速变现，其模式如图 4-44 所示。

图 4-44　电商网红的主要模式

如今，普通网店那种简单的商品罗列已经很难打动消费者，因为消费者看不到他们想要的东西。很多消费者喜欢在网红店铺购物，其原因并不是真正的喜欢那些网红，而是觉得她们搭配的衣服好看，希望穿出和她们一样美丽的效果，如图 4-45 所示。

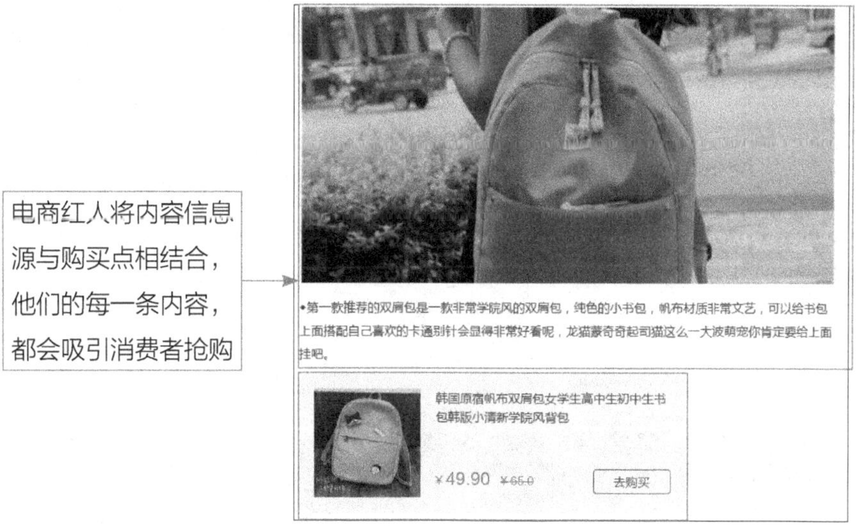

电商红人将内容信息源与购买点相结合，他们的每一条内容，都会吸引消费者抢购

图 4-45　网络红人利用内容导流

另外，网红店主经常会在平台上发布一些对生活的感悟和对时尚的理解，这些内容也是吸引有同样爱好的消费者关注的重要原因之一，如图 4-46 所示。

尤其是在淘宝这个时尚媒体开放平台，聚集了一大批以淘女郎为代表的电商红人，她们已经超越了产品本身，卖的更多的是一种生活方式和体验，其电商变现是与忠实粉丝长期互动中自然演化而来的。

图 4-46　网络红人利用时尚内容吸引消费者购买产品

4.2.4　网红淘宝店如何创造 C 店奇迹

根据阿里巴巴的统计数据显示，淘宝女装销量前十的店铺中，就有 5 ~ 6 家是网红店铺。其中，包括毛菇小象、张大奕等一大批网红店主，她们的店铺销量让很多商户甚至品牌商家都望尘莫及。

1. 毛菇小象

毛菇小象（目前已更名为 MG 小象）早在 2014 年就以 1.45 亿的销售额取得了全网女装销售排名第一的好成绩。毛菇小象的产品定位为欧美风时尚女装，并以个性的服装产品和高性价比，抓住了女性消费者的网购心理。图 4-47 所示为毛菇小象的淘宝店铺主页。

图 4-47　毛菇小象的淘宝店铺

相关统计数据显示，毛菇小象的买家秀比率达到了惊人的 10 ：1，也就是说在
10 个用户评论中，就有 1 个买家会上传图片，如图 4-48 所示。要知道，普通店铺的
这个数据通常是 50 ：1 ～ 200 ：1，从这一点就可以看出毛菇小象的影响力之大。

通过买家秀这种独特的内容形式营造出一种热闹的"购物氛围"，这一点和线下
店铺相似，这与大家购物时往往都喜欢去人多的店铺是同一个道理。同时，毛菇小象对
这种买家秀的氛围引导也拿捏得非常准确，充分调动了消费者的从众心理和示范效应。

另一方面，毛菇小象的店铺有很多的爆款，这些爆款群对店铺排名有很大的优势，
免费流量极大。据悉，2016 年 5 月份毛菇小象举行了五周年店庆活动，在聚划算中
3 天的销售额就达到了 2400 万，与 1 月份的月销 372 万相比，直接翻了近 8 倍。

笔者并没有计算毛菇
小象所有的评论数
据，而是随意挑选了
其中的一件商品，在
评论区就看到总评论
数为 75 条，而图片
评论就达到了29 条。

图 4-48　毛菇小象拥有超高的买家秀比率

2. 张大奕

张大奕从一个模特成为五颗皇冠的淘宝卖家，其中离不开她个人的努力，更离不
开粉丝的支持，她拥有 460 多万微博粉丝，图 4-49 所示她是个名副其实的网红。

图 4-49　张大奕的微博主页

张大奕的淘宝店铺主要采用文艺、清新的内容风格，深受粉丝欢迎，如图 4-50 所示，这些粉丝所产生的购买力就是张大奕的淘宝店铺最核心的竞争力。

那打底毛衫真的是秋冬的必备款啊，往往是越简单越好搭配。上一期我已经出了一件两色的小一字领的打底毛衫了，什么都能配，到冬天再冷一点的时候呢，配上一条围巾那也是暖暖的了，那这一期我又出了两件紧身的打底毛衫，但这次做的是小高领，今年冬天还是蛮夯小高领的，我发现哦，不管是今天夏天还是今天冬天，都喜欢在脖子这一块做文章。

这款 E CUP 们应该有点眼熟吧，HAHAHAHAHA～～～真的是种草好久好久了，当时照片一 PO 出来，因为呼声相当的高，所以一回到公司就来定制纱线做了，这件的难度系数真的很高，成本贵的姨妈都有点后悔了。整件毛衫大身是很多种绞花相结合的，工艺制作相当的麻烦啊，这个相比于其他的还是小意思哦，重点在于这件开衫的门襟、袖口还有腰带啊，精致的衣服总是折磨女纺织工人。

图 4-50　张大奕的淘宝网店"吾欢喜的衣橱"中的商品内容

张大奕的淘宝店拥有 325 万粉丝，曾创下上线新品 2 秒卖完的销售盛况，只用 3 天就完成了普通线下店铺一年才能做到的销量，平均月销售额超过百万，这可以说是互联网电商的一个奇迹。"真实素材"的原创内容加上与粉丝的深度互动是张大奕成功的主要秘诀，这样才能给粉丝带来真正的信任感。获得的粉丝黏性也远比"美貌"更靠得住，这是内容电商和淘宝卖家们需要牢记的关键点。张大奕的淘宝店铺开张不到一年便升级到"四皇冠"，并且是全平台女装排行榜中唯一的个人店铺。

4.3　电商推广：淘宝店铺如何快速获得流量

内容电商已经成为现代化的企业发展不可或缺的一种商业方式，想要在内容电商中实现获利，就要拥有足够量的粉丝，因为粉丝的质量和数量决定了一个内容平台账号的价值，因此掌握一定的引流技巧是很有必要的。

4.3.1　与大 V 建立深度的合作

对于内容电商来说，没有用户就没有影响力，因此吸引用户流量是内容电商的生存之本。在进行内容传播时，商家切不可只依赖单一的平台，在互联网中讲究的是"泛娱乐"战略，淘宝商家可以围绕产品的内容定位与核心，跟各种新媒体平台上的大 V 建立深度的合作，实现高效引流，其中与微博大 V 合作是最常用的方式。

微博引流是一种将信息以裂变的方式传播出去的平台，那么在这样一个平台上，利用 @ 工具进行主动引流也是个不错的方式。在微博上利用 @ 工具进行主动引流，

主要是主动 @ 微博的大 V 或者精准的账号，如图 4-51 所示。

图 4-51　在微博中利用 @ 工具进行主动引流

在微信里面，如果你想找到一个同行的达人，可能会存在难度，但是在微博里就很容易实现。比如，你是做化妆品的微商，那么你可以在微博上搜索一些化妆达人博主的微博，可以是时尚达人、化妆品牌创始人，也可以是化妆师等，在关注后，可以将他们放入一个分组内，并保存。

然后你可以主动发微博并 @ 这些化妆行业的大 V，还可以与他们的粉丝进行互动，他们的粉丝对于做化妆品的微商而言，也算是精准受众群体了。

如果有机会的话，还能与这些微博大 V 达成合作，若他们在微博资料里也有放入合作 QQ 的话，则可以直接加对方 QQ 进行合作沟通。而且这些微博大 V 大部分都还有个人微信号或公众号，这些都是你与微博大 V 快速联系的方式。最后，通过微博大 V 还可以更快找到合适的行业资源，实现精准受众的引流。

4.3.2　用免费的方式获得流量

在手机淘宝中，提供了很多免费的推广工具，利用好这些工具可以帮助店铺快速获得流量。

1.　无线会员卡

在淘宝卖家中心的"无线会员管理"窗口中可以创建会员专享活动，进入相关页面后依次设置活动名称、活动日期、活动对象、活动类型、手淘活动图、活动商品等选项，点击"提交"按钮即可，如图 4-52 所示。

无线会员卡是手机淘宝端最重要的一款会员关系管理工具，目前面向部分卖家开放。对于商家来说，无线会员卡可以当作是店铺权益的一个集合载体，同时还掌握了拥有手机淘宝的高流量入口，可以极大地增加店铺的用户黏性，如图 4-53 所示。

图 4-52　创建会员专享活动

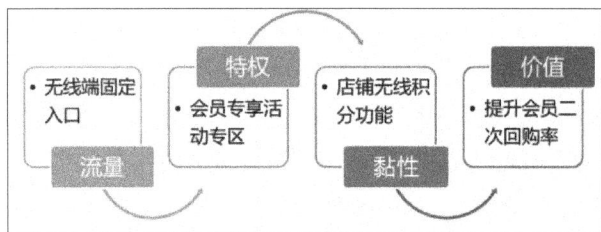

图 4-53　无线会员卡的功能

2. 手机海报

手机海报是一个免费的推广神器，用户可以一键将海报分享到微淘、朋友圈等社交平台。在淘宝卖家中心依次进入"我是卖家 > 营销中心 > 手机营销专区"页面，在互动营销工具的"手机海报"选项区中点击"马上创建"按钮进入其页面，用户可以在此选择相应的模板来制作手机海报，如图 4-54 所示。

例如，Kappa 品牌赞助了电影《唐人街探案》，并借此推出手机海报，在淘宝站内和站外进行活动宣传，以实现引流和用户对品牌的关注，如图 4-23 所示。

> **专家提醒**
>
> 手机海报的模板包括新品发布、活动预告、活动推广、邀请函、单品介绍、店铺介绍、品牌传播、品牌故事、期刊杂志、大赛、节假等多种类型。

图 4-54 "手机海报"页面

图 4-55 《唐人街探案》手机海报

第 5 章

手机淘宝：
揭秘移动时代的内容电商

学前提示

如今，移动互联网的快速普及为移动电商的发展奠定了强大的基础，它正在改变着人们的生活。与此同时，手机淘宝依托淘宝网强大的自身优势打造出以淘宝达人为基础的内容电商模式，为消费者带来方便快捷的手机购物新体验。

要点展示

≫ 手机淘宝的现状
≫ 淘宝投入了几十亿元你却不会玩的流量

5.1 手机淘宝的现状

"关于移动互联网的趋势，即使商家不做任何事情，未来用户的交易也一定在手机上，这不是主观能够改变的。"阿里巴巴集团无线事业部资深总监蒋凡表示，目前，手机端的交易量已经持平甚至超过了 PC 端。

因此，不管是电商平台还是普通商家，都应该根据用户的消费行为以及流量的变化，将运营方式向移动端靠拢。

5.1.1 手机淘宝面临的问题

手机淘宝虽然在近年来得到了很好的发展，但仍然面临不少问题，这些都是平台和商家们必须思考和解决的，如图 5-1 所示。

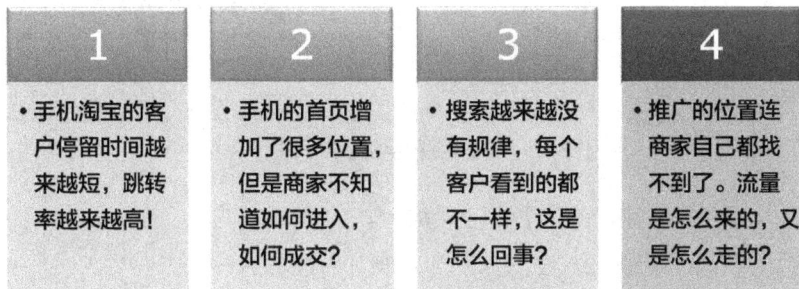

1	2	3	4
• 手机淘宝的客户停留时间越来越短，跳转率越来越高！	• 手机的首页增加了很多位置，但是商家不知道如何进入，如何成交？	• 搜索越来越没有规律，每个客户看到的都不一样，这是怎么回事？	• 推广的位置连商家自己都找不到了。流量是怎么来的，又是怎么走的？

图 5-1　手机淘宝面临的问题

5.1.2 搜索的个性化

如今，移动电子商务跟随着移动互联网得到了迅速发展，也使消费者的购物行为发生了深刻变化。在今天的消费品市场中，产品的种类和数量都非常丰富，消费者已经彻底摆脱了过去那种"按需分配"的原则，他们渴望变化、喜欢创新、有强烈的好奇心，因而更愿随心所欲地选择和购买各种产品和服务，这呈现出一种个性化的消费趋势。

尤其在移动电商时代，个性化的消费趋势更加明显，商品的实用价值不再是消费者购物时的唯一选择标准，那些与众不同、可以充分体现个体的自身价值的商品，成为了很多人消费时的首要选择标准。可以说，个性化消费已成为现代消费的主流思想。消费者的这些改变加强了对个性化购物搜索的需求。

搜索作为一种崭新的商业模式，它可以承载更多门户网站无法承载的信息，成为互联网时代的超级入口，并且成为电商平台的标配功能。图 5-2 所示为手机淘宝和手机京东的搜索功能。

图 5-2　手机淘宝和手机京东的搜索功能

目前，手机淘宝采用的是个性化搜索模型，它比传统的非个性化搜索模型多了两个综合因素：客户购物习惯和价格模型，如图 5-3 所示。

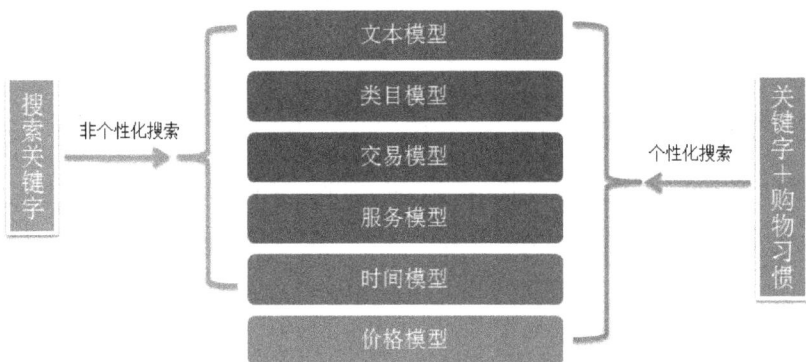

图 5-3　个性化搜索模型和非个性化搜索模型的区别

阿里巴巴集团首席执行官天猫 CEO 张勇（逍遥子）表示："天猫搜索的结果中已经加入了个性化的因素，不同的买家 ID 或者不同的 cookie，由于以前的购买或者浏览行为不一样，所看到的搜索结果也可能不一样。个性化的算法在搜索结果和营销资源等方面的充分应用，目标是让消费者看到和他最相关的商品展现，最终实现千人千面的天猫。"

个性化搜索对于淘宝卖家产生了很大的影响，有助于他们快速提高流量的价值。在传统的非个性化搜索模型中，不同的消费者搜索同一个关键词，出现的结果页面都是相同的，这种情况产生了两种弊端，如图 5-4 所示。

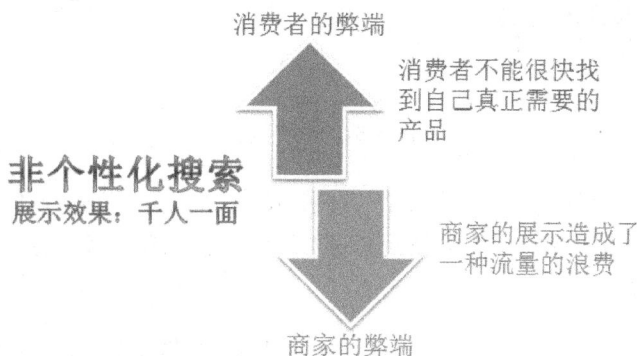

图 5-4　非个性化搜索模型的弊端

这种情况在个性化搜索中得到了很好的解决，首先个性化搜索使得商家的商品呈现出千人千面的展示效果，用户可以找到更符合自己理想的商品，而商家的店铺也能获得更多的展示机会，这也就间接地提升了流量的价值。

个性化搜索主要是根据不同消费者的购买偏好，为他们带来更加符合预期的商品，使搜索结果更加精准，而且还可以提升店铺的转化率，其原理如图 5-5 所示。

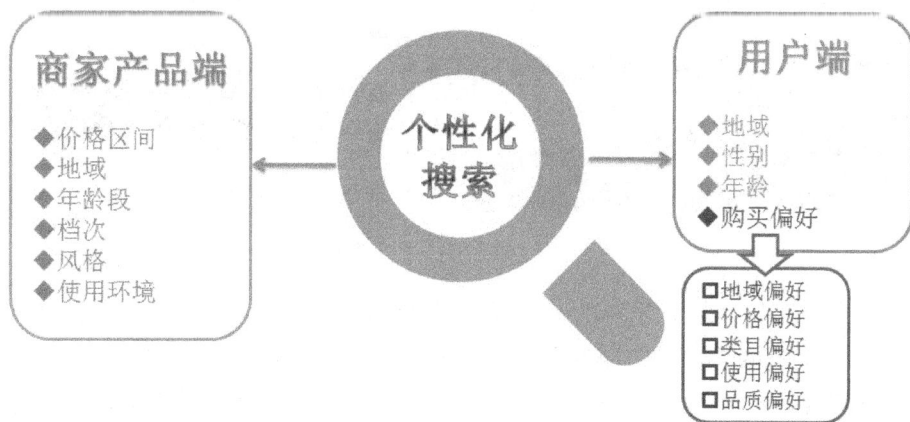

图 5-5　个性化搜索的原理

5.1.3　买家的标签化

标签就是买家的印记，其定义如图 5-6 所示。

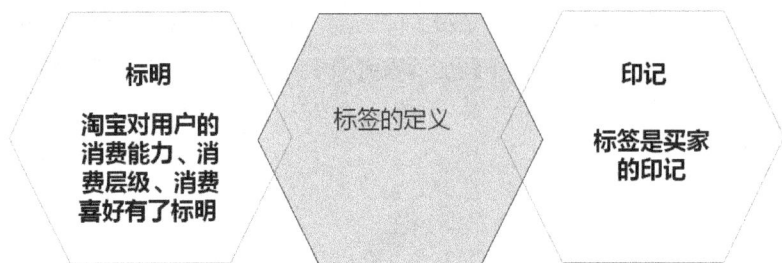

图 5-6　标签的定义

我们常常可以在 QQ 中看到自己的标签，它代表了用户的个人评价或者兴趣的展示。而手机淘宝也会根据不同买家的购物记录和相关数据，为买家生成不同的标签，如图 5-7 所示。

图 5-7　手机淘宝中的标签

将买家标签化后，对于商家来说，有以下几个好处。

（1）**更好地推荐和维护这个买家：**给同一类型的众多买家生成一样的标签后，可以更加方便地维护这个群体的买家，同时也可以向他们推荐更合适的商品，节省时间成本。

（2）**提升 UV 价值带来精准流量：**UV（Unique Visitor，独立访客）是指访问店铺的一个 PC（或手机）客户端为一个访客，在一天内相同的客户端只计算一次 UV 值。标签化的买家可以带来更精准的流量价值（UV 价值），即提高转化率。

（3）**对应买家的达人和社区展现：**这一点比较好理解，也就是说同一个标签下的买家可以构成一个社区，而达人们可以根据自己的内容形式在适合的社区下推送导购内容。例如，手机天猫中已经开始采用这种模式，进入"我"界面，即可在用户头像周围看到飘浮着不同的标签，点击相应的标签即可打开相应的淘宝达人内容详情页面和相关的商品清单推荐，如图 5-8 所示。

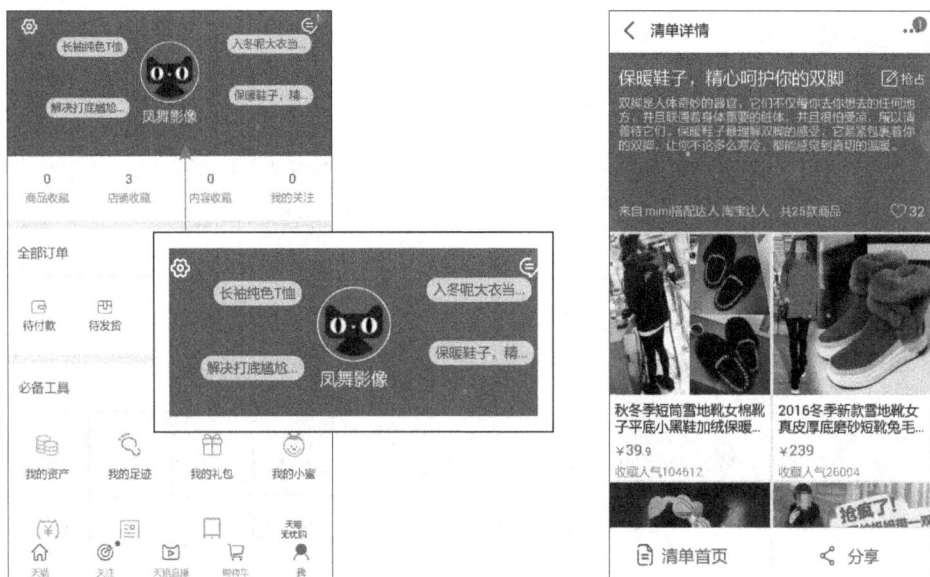

图 5-8　手机天猫中的标签功能

5.1.4　商品的标签化

标签化后的买家跟商品之间需要一座桥梁来连接，这座桥梁就是商品的标签化，如图 5-9 所示。

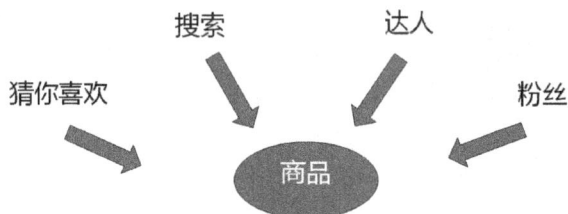

图 5-9　商品的标签化

在手机淘宝中，商品的标签化主要体现在搜索和猜你喜欢两个方面。在手机淘宝中点击搜索框后，即使用户没有输入任何关键词，系统也会根据用户的搜索历史列出一些商品标签，如图 5-10 所示。当用户输入相应的关键词后，搜索引擎也会自动出现相关的标签，方便用户快速找到适合自己的商品类目，如图 5-11 所示。

图 5-10　系统自动推荐的商品标签

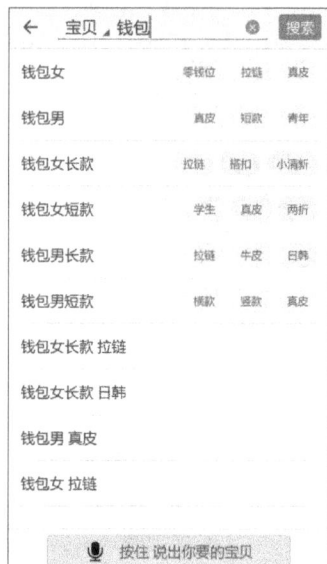

图 5-11　搜索引擎根据用户的搜索出现的标签

同样，猜你喜欢模块也会根据用户的搜索历史和购买记录，为用户推荐一些合适的同一标签化的商品，如图 5-12 所示。

图 5-12　购物车中的猜你喜欢以及推荐原理

那么，商品的标签词到底是什么？标签词是指一个产品的标示词句，它可以代表

产品的身份，可以是产品的品牌名、成分，或者是可以体现产品独特个性的词汇。图
5-13 所示为商品标签词的特点。

图 5-13　商品标签词的特点

对于商家来说，只有深入了解这些特点，才能为自己的产品贴上合适的标签词。
例如，卖连衣裙的商家可以在淘宝搜索框中输入关键词"连衣裙"，即可看到下面会
出现相关的关键词扩展，选择右侧有 > 符号的关键词，即可展开详情页面，查看其中
的标签。如果你卖的是秋冬季节的连衣裙，则可以根据商品属性找到"中长款""同款"
等标签词，也可以根据产品的细分特点找到"宽松""圆领""a 型""显瘦""修
身""加厚""大码"等标签词，如图 5-14 所示。

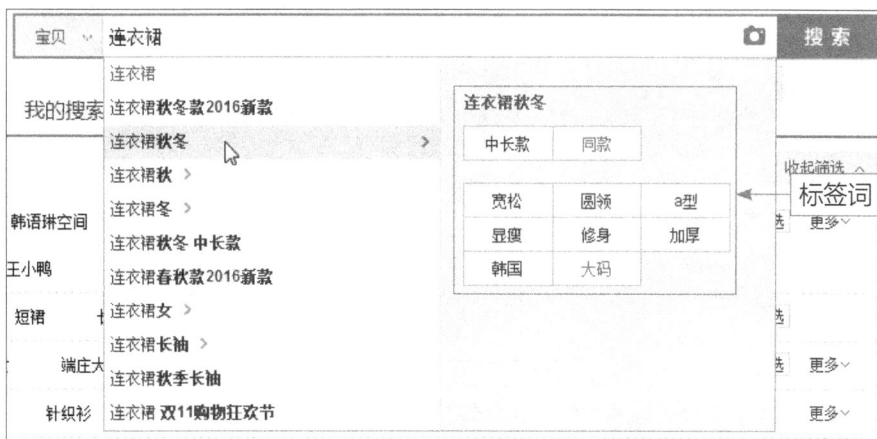

图 5-14　连衣裙的相关标签词

这是 PC 端的标签词搜索结果，下面来看看手机淘宝端的连衣裙标签词。我们可
以看到标签词占据了整个手机版面，可以更加直接地让用户进行自由选择，如图 5-15

所示。另外，在搜索结果界面中，用户还可以通过筛选功能，找到更多的标签词，如图 5-16 所示。

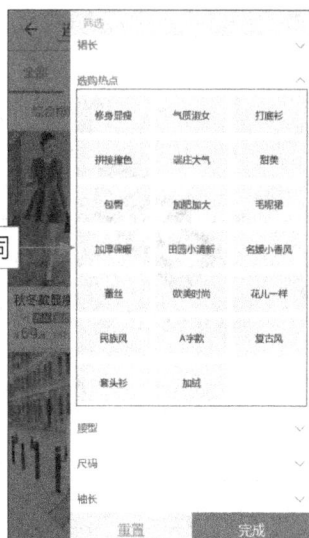

图 5-15　手机淘宝端的连衣裙标签词

图 5-16　通过筛选功能找到更多的标签词

需要注意的是，不一定每个商品类目都有标签词，根据标签词和产品细分特点的联系，一些产品细分特点不明显的商品，其标签词也会明显减少，但这些商品通常会直接出现在大类目下方，从而为商家带来更多的流量，如图 5-17 所示。

图 5-17　标签词的多少与产品细分特点相关

例如，"婴儿推车"由于用户搜索量比较低，因此它的标签词远远少于"行车记录仪"。从而可以得到一个结论，那就是那些标签词较多的商品，它们的搜索和点击的次数也更多。正是由于用户的这些不同的选择行为，使其通过标签来体现了细分的用户群体，从而提供更多的选择，同时也说明他们的类目流量要更大。

当用户通过搜索商品关键词进入到一个模糊搜索的状态下，标签词的作用就体现出来了，它可以帮助用户更加方便地找到想要的商品。尤其是在手机淘宝端，标签词的应用率非常高，因此在同一个商品大类目下，很多关键词的流量被标签词细分了，这也是标签词重要性的具体表现。

如图 5-18 所示，过去采用"主关键词 + 长尾词"的产品标题模式已经不再适合移动电商时代，"主关键词 + 长尾词 + 标签词"才是适合手机淘宝的新标题模式，这种模式可以充分体现出标签词排序的关联性。

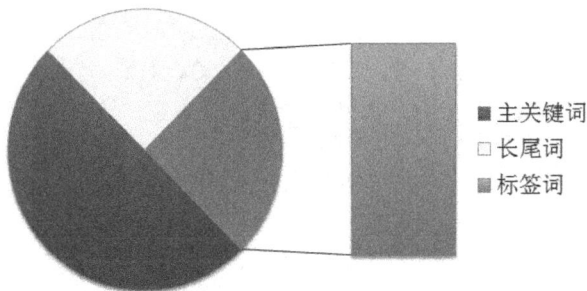

图 5-18 手机淘宝的新标题模式

因此，商家在设置商品标题时，可以运用不同的"主关键词 + 长尾词 + 标签词"的组合，从细分领域优化手机淘宝端的商品 SEO（Search Engine Optimization，搜索引擎优化），其技巧如图 5-19 所示。

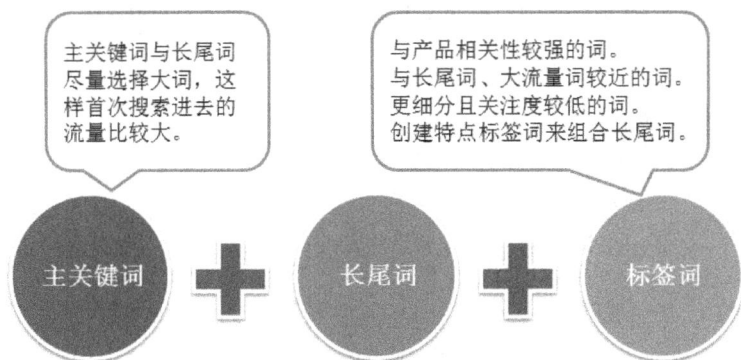

图 5-19 "主关键词 + 长尾词 + 标签词"的组合技巧

5.1.5　达人与社区

达人是淘宝针对现在崛起的网红，帮助商家运营粉丝经济、增加消费者黏性、减少跳失率的一个重要工具。图 5-20 所示为淘宝达人的官方论坛页面。

图 5-20　淘宝达人的官方论坛页面

在移动互联网时代，用户的消费方式已经发生了很大的改变，如图 5-21 所示，而达人就是随着用户需求而产生的内容电商的一个重要组成部分。

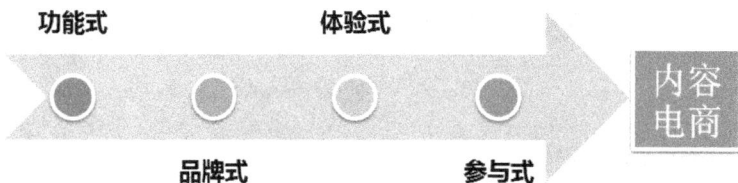

图 5-21　消费方式的改变

淘宝达人可以在手机淘宝中获得更多的展现区域，如图 5-22 所示。

图 5-22　达人的展现位置

当然，除了这些展现位置外，手机淘宝还专门为达人开辟了一个"微淘"社区，以及在各种"大促活动"中获得更多的展现，如年中大促、"双十一""双十二"等。"微淘"社区就相当于微信中的朋友圈，占有很重要的地位，达人可以在这里持续输出内容来吸粉引流，它是淘宝网店内容电商运营不可缺少的模块。

下面介绍在"微淘"社区中发布内容的具体操作方法。

（1）进入淘宝达人后台，在左侧的导航栏中点击"内容推送"按钮，如图 5-23 所示。

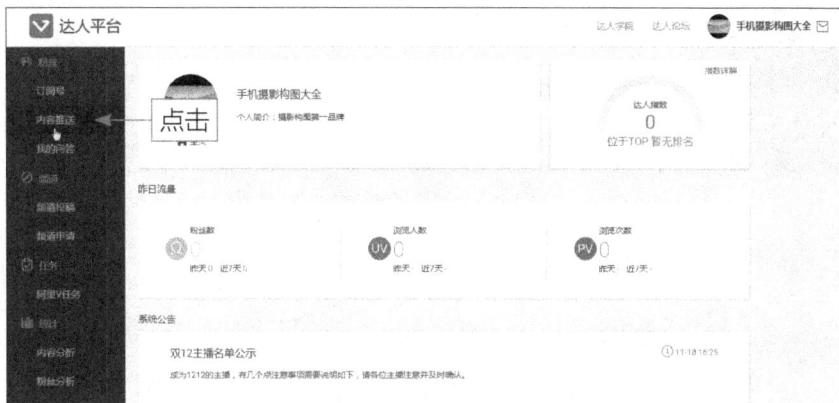

图 5-23　点击"内容推送"按钮

（2）进入"内容推送"页面，点击"图文内容"按钮，如图 5-24 所示。

图 5-24　点击"图文内容"按钮

（3）进入"推送内容发布"页面，在"标题""副标题""正文"文本框中分别输入相应的内容，如图 5-25 所示。

（4）用户还可以在"正文"选项区中单击"图片"或者"宝贝"按钮发布相应信息。例如，点击"图片"按钮，弹出"上传图片"对话框，默认进入"从图片空间选择"

选项卡，用户可以在图片空间中选择相应的图片，如图 5-26 所示。

图 5-25　输入相应的内容

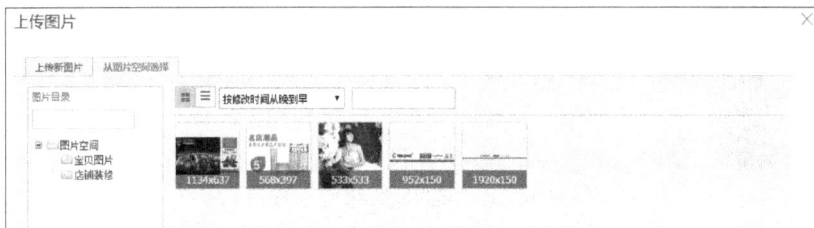

图 5-26　"从图片空间选择"选项卡

（5）切换至"上传新图片"选项卡，点击"点击上传"按钮，如图 5-27 所示。

图 5-27　点击"点击上传"按钮

（6）弹出"打开"对话框，选择相应的图片，并点击"打开"按钮，如图 5-28 所示。

（7）添加图片，点击"确认添加"按钮，如图 5-29 所示。

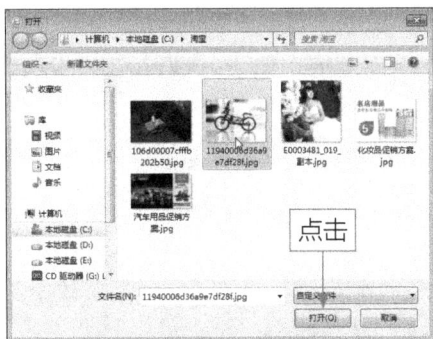

图 5-28　点击"打开"按钮

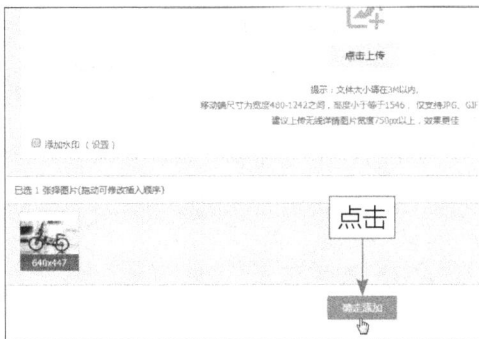

图 5-29　点击"确认添加"按钮

（8）执行操作后，即可在正文中插入图片，如图 5-30 所示。

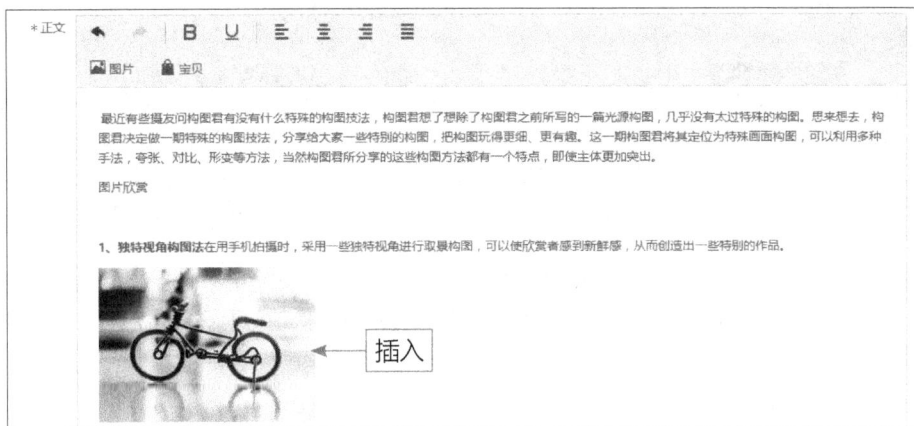

图 5-30　插入图片

（9）在"添加封面"选项区中，点击"添加上传图片"按钮，如图 5-31 所示。

图 5-31　点击"添加上传图片"按钮

（10）用与上面同样的方法，为内容添加封面图片，需要注意的是，图片尺寸应不小于 500×500（最佳尺寸为 1080×1080），而且在上传前，会要求用户对图片进行裁剪，如图 5-32 所示。

（11）上传成功后，选中"推送到微淘（每天还可以推送 1/1）"复选框，点击"确定"按钮，如图 5-33 所示。

图 5-32　裁剪图片

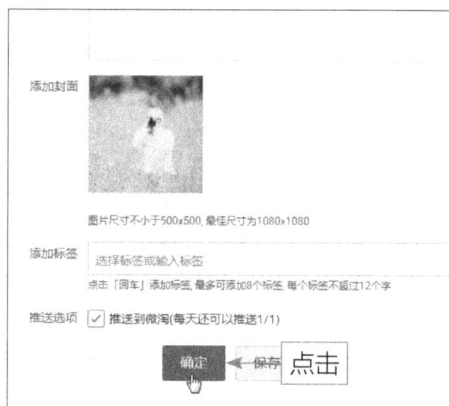

图 5-33　点击"确定"按钮

（12）执行操作后，即可成功发布达人内容，如图 5-34 所示。

（13）进入手机淘宝，打开扫一扫功能，扫描上图中生成的二维码，即可看到所发布的内容，如图 5-35 所示。

图 5-34　成功发布达人内容

图 5-35　扫码查看内容详情

5.2 淘宝投入了几十亿元你却不会玩的流量

2015 年对电商来说是一个多变之秋，突然崛起的手机淘宝俨然成了竞争的主战场，在这场激烈的竞争中我们也逐渐意识到：消费者正在逐渐改变——他们的变化给我们的电商也带来了新的机会。

手机端消费者的流量越来越碎片化，更多的人使用手机阅读、玩游戏、社交，但是使用手机购物的时间却越来越少——手机端消费者用来浏览产品的时间越来越少，同时，很多商家的宝贝在首页只有几十秒的展现时间。"手机端消费者的选择越来越纠结，很多消费者有了选择恐慌，其实在很多时候导向越简单商品反而越容易被购买。"

此外，手机端的消费人群越来越年轻化，他们的消费观念完全变了，对产品的价格不再那么重视，他们需要更多有参与感、有影响力的偶像或者意见领袖给他们挑选商品。

这是因为手机端千人千面的展示效果让更多的消费者看到的产品越来越不同，导致他们的选择越来越多，商家的流量也越来越分散，因此手机端消费者迫切需要一个导购的中介，帮忙选好产品，帮忙定位产品，帮忙推荐产品。

而同在这一年，红人开始风靡互联网，明星郭富城的女友是网红，王思聪的女友也是网红，并且是一个年销售额几亿的网红店主。这让我们看到了一个新兴市场的崛起，确实，网红开始不只是网络红人了，很多店铺也开始寻求和网红合作，让他们直接变现，如榴莲家等很多店铺借助网红的力量年销售额都过亿元，电商似乎看到了新的曙光。

而淘宝作为平台也不甘落后，开始全力整合优势资源，直接转化为淘宝新的系统：达人。

5.2.1 什么是淘宝达人

首先来认识一下淘宝达人。

（1）**内容定位：** 对行业十分熟悉，可以撰写相关的行业内容。

（2）**功能定位：** 可以运用内容的影响力和号召力，吸引大量粉丝与之互动。

（3）**结算方式：** 主要采用 CPS（成交付费）和 CPC（展现付费）两种方式。

在手机淘宝的首页，除了淘宝头条、淘宝直播、有好货、爱逛街、必买清单等内容电商模块外，淘宝达人还可以借助每日好店、微淘、"问大家"社区等获得不错的精准流量，同时对消费者选购物品来说也更加方便，如图 5-36 所示。

另外，再加上"双十一清单""双十二清单"以及各种节日年货节清单等都可以产生巨大的交易额，让淘宝达人们看到了未来。

图 5-36　达人的流量展现区域：手机淘宝首页给了达人很重要的展现位置

5.2.2　Papi 酱太远，淘宝达人正当时

2016 年 3 月，自媒体发生了一件大事，一位靠才华的网红和一位靠脸的网红走在了一起，并且这位有才华的网红投资给这位传说中的美貌与才华并重的网红 1200 万元，一个是自媒体界很有影响力的重量级人物，一个是大学没有毕业的女生，他们

的合作，对于很多人来说仿佛把网红推到了一个巅峰。他们认为网红的红利期到了，这个蓝海大家都可以做了，都可以去捞金了，真的是这样吗？

首先来说，很多红人都是有自己的擅长领域，比如说罗振宇，在中央电视台的经历，以及做过多个节目的主持人，让他练就了一个好口才；而 Papi 酱，是中央戏剧学院导演系学生，拥有很好的演艺资源，她身后还有一个包装推广的团队，这是很多普通人难以逾越的。

就连我们电商界比较熟悉的张大奕，那也是模特身材，经过多年的微博磨炼，和一个团队操作才出来的。这些网红对于我们来说，太远了，这里笔者主要想讲一个不难的方案。

对，网红也有不难的，那就是淘宝网红。淘宝作为一个大型的导购平台，每天有 3 亿客户在淘宝上购物，这个数据来源于网络，具体真假我就不追寻了，但是这个数字肯定是非常多的，这就说明淘宝这个平台能聚集很多人，如微博、优酷能聚集人一样，淘宝也是一个人群的聚集地，这有了网红的流量基础。

这些人在购物的时候也需要娱乐，也需要进行一些其他的互动活动，淘宝也希望他们停留的时间更长，以便他们的粉丝买更多的商品，只要在商场里面逛，逛来逛去总有再看上的，这就有了这种需求。

很多消费者对产品并不了解，在购物的时候也需要一些人的指导和推荐，他们需要更加专业的人告诉他们该买什么，买什么好？这就有了网红的内容导向，以选品导购为目的的内容传播：专注领域，解决消费者心中的困惑。

这些基础都有了，那么淘宝达人该怎么做？有什么要求呢？图 5-37 所示为淘宝达人体系中的 4 个重要分类。

> **1. 职业身份**
> 本身的资历和能力的证明。职业身份我们分三块来讲解。淘宝达人、媒体编辑、模特红人、媒体机构，这个是淘宝达人体系中的四个重要分类。
> **达人**
> 作为淘宝达人业务，"达人"的身份无疑就是最根本的身份。达人更多是淘宝上成长起来的草根达人，他们乐于购买，乐于分享，善于表达。没有专业的编辑背景，没有太过华丽的身份，朴实而优秀。
> **媒体编辑**
> 在媒体行业中摸爬滚打多年，有丰富的从业经验和文字编辑功底，包含在职于某些媒体的编辑，还有签约撰稿人或者兼职撰稿人都属于这类人群。
> 要求：有媒体给予你的证明（证书、合同、证明等）。
> **模特红人**
> 这类人群是非常特殊的，要求长得好看，而且爱秀爱分享等，同时具备生活导购内容。一般是平面模特，淘女郎，网红店主，不限男女的。
> **机构媒体**
> 这里要求的是一定是企业，媒体、社区方向的公司，包含传媒公司，出版社，杂志等；社区包含 UGC、PGC 等内容产出公司。如果你是贸易公司或者某生产企业等就是不符合的。

图 5-37　淘宝达人体系中的 4 个重要分类

淘宝达人真是英雄不论出身，各种角色都能找到的自己的位置，其实最好做的当然是达人了，这个群体也是现在淘宝达人体系中最大的一支。

5.2.3　达人为店铺带来众多利好

通过达人的操作，开始让下滑的流量逐渐有了回升，也让淘宝旺旺的打开频率增加了很多，更让消费者的流量更加精准，更加快捷地找到自己想要的产品。

达人在各种"大促活动"中产生了巨额的成交，也让淘宝看到了达人的未来，并且加大了改革的力度。

达人为店铺带来众多利好。

第一，商家的产品通过达人的专业化推荐，更好地展现给了需求客户，这样成交转化率更高，客户也更精准。

第二，达人开始留住了一部分消费者，让他们除了购物之外，在淘宝内能看到更多的产品或者行业知识，由以前的单纯购物，到现在的能产生关注的内容，学习、交流、互动，让可玩性也增加了很多。

第三，达人让一些店铺把老顾客维护得更加精细化，把服务确实做出来了，因为以前的买家秀只是在店铺，而现在的买家秀可以放在社区广场之上，以前只有进店的客户能看到，现在只要是登录了手机淘宝都有可能看到了。并且老顾客的黏性也越来越高，因为只要对内容产生兴趣了，关注了这个购买产品类目的达人，达人后期会持续给他推荐产品。

第四，解决了商家产品卖给谁的问题。以前很多的商家都想把产品卖给更多的人，这个其实不科学，产品的特性、包装、性能还有服务等，都决定了一个产品只能服务一部分人，而达人就是这个商品和一部分消费群体之间的桥梁，达人让商家的产品服务越来越有针对性。

第五，场景化的消费凸显，让达人的内容越来越丰富，推荐的目标性、场景化的对接，让消费者越来越有场景的融入感和体验感。

5.2.4　商家这样与达人合作

商家也通过达人对自己店铺运营思维实现一个很大的转变，由以前的卖货思维转变为社交思维，由以前的重视单一导购渠道推广，到现在重视社交导购场景化。

还有店铺运营人员的转变，由以前的运营人员只会搜索和直通车等推广，到现在运营人员要更加熟悉消费者的心理，更多去了解消费者的需求；由以前的数字数据分析，到现在的人文、情感、消费场景、喜好等多方面的数据分析等。

店铺开始自己打造达人（达人已经开通开店账户也可以开通达人）或者和达人进行强强联合，店铺为达人提供活动策划、活动推广、活动图片、活动内容等一系列的达人服务，让达人更好地完成专一类目的推广。

店铺的策划和文案部门开始了针对达人的内容、图片采集，还有竞争对手的文案分析，行业内文案和图片的采集分析，并且制定针对达人推广内容的一系列内容。

客服部门可以根据达人的专注领域，对产品有更加深入的了解，对客户有针对性的接待和回答，并通过分析客户的属性及一些关注特点，对消费层次、消费理念进行分析，不光达成交易，还可以和客户进行交流，也可以把产品的属性和卖点更大程度地展现给消费者。

另外，客服部门还需要结合售前的交流和分析，在售后进行一个有效的维护，对客户进行数据化管理，实行客户关怀、客户的二次营销、新品尝鲜以及客户的分享等多维度的客户管理。

可以说，淘宝达人对电商的发展是具有跨时代的意义，这标志着大平台也开始转向社交化，也是应对现在移动端碎片流量加剧，客户分散选择困难的一个商业思维的改变。

笔者相信，未来社交化电商将会在各个平台崛起，而商品的"同质化竞争"以及"网红卖货思维"等趋势，都会让商品优胜劣汰，从而逐渐演变为优质，有特色的产品，并形成服务一部分人群的新商业体系。

5.2.5 如何成为淘宝大 V 达人

那么身份清楚了，该怎么来认证呢？

（1）首页，你要有一个旺旺账号，绑定了支付宝，开通了淘宝客。然后进入淘宝达人后，台会有一个界面，不要直接点击认证，而是点击左侧导航栏中的"达人成长"按钮，如图 5-38 所示。

图 5-38　点击"达人成长"按钮

（2）进入"达人成长"页面，往下拉，可以看到图5-39所示的界面。只要满足"写5篇优质文章＋加100个粉丝＋内容质量超过20分"3个条件，即可申请大V达人。

图 5-39　申请大 V 达人的条件

（3）如图5-40所示，只要达到图中的这个进程，说明你已经做得差不多了，即可点击"申请大V达人"按钮等待审核。

图 5-40　点击"申请大 V 达人"按钮

（4）一旦审核通过，即可在达人主页的头像右下角看到一个V的标志，如图5-41所示，此时即可发布帖子和产品了。你可以做一些知识性的帖子，也可以写一些有意思的产品推荐，更可以做一个视频，这就是和其他的自媒体不一样的地方——可以推荐产品。如果你文章写得不好，长得不漂亮，不擅长表达，在这里这都不是事，你会告诉别人怎么买东西也很赞，并且还能赚钱。

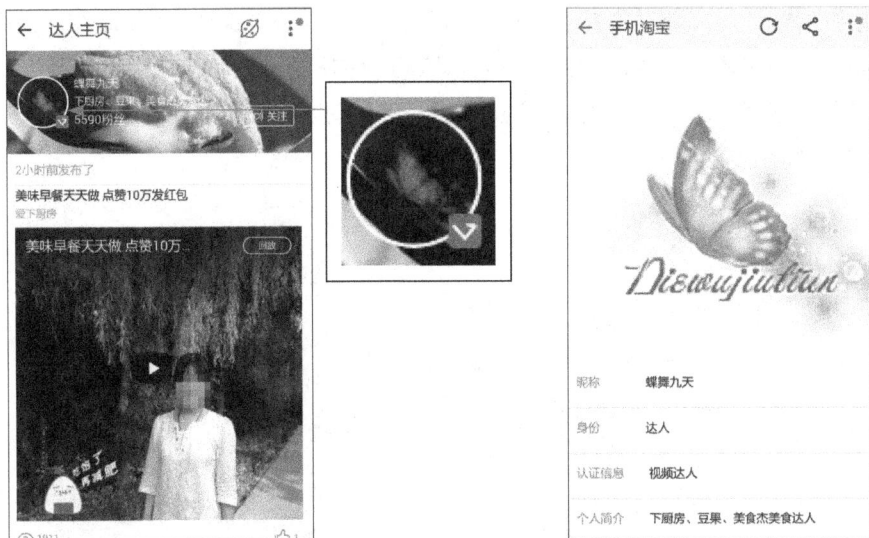

图 5-41　大 V 达人认证

　　不管成为哪个行业的淘宝达人，都需要具备一定的内容创作能力，写一些自己的
故事和经历，而且内容还要和行业相关，如图 5-42 所示。

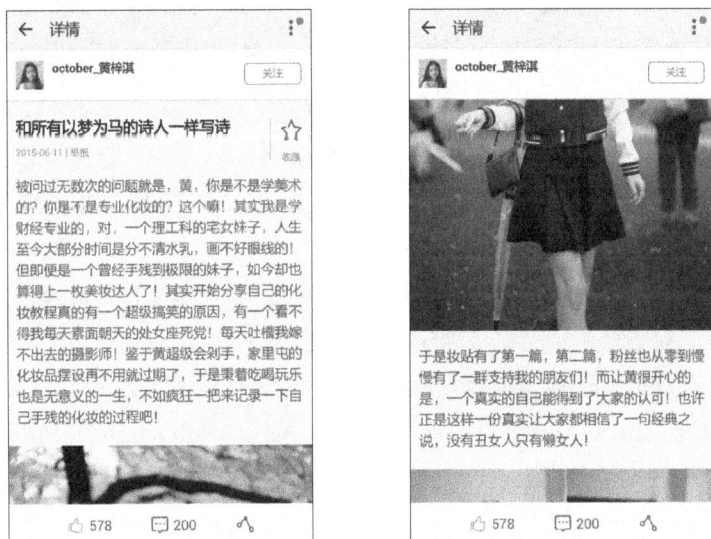

图 5-42　达人的故事和经历

　　图 5-43 所示为淘宝头条中的达人内容展示效果。可以看到，这里随便一篇文章
都有几十万的浏览数据，这些可是有一定消费能力的人群，并且这些人只要看了你推
荐的产品，只要你的内容足够吸引他们，就有可能产生购买行为，同时你也能在这里

赚到更多钱。这就解决了很多"草根"当网红的问题，没有钱没有团队炒作，这里都不需要，只要你能卖东西，你就能赚钱，赚钱了，你就可以去包装做更大的网红了。

图 5-44 所示为淘宝直播中的达人视频。这些视频都是几万人同时在看，这些人只要关注你，对你推荐的产品感兴趣，你的粉丝就会飞速上涨。

图 5-43　淘宝头条中的达人内容展示效果　　　　图 5-44　淘宝直播中的达人视频

因此，对于淘宝达人来说，这种十几万的流量，都不是事，关键是这些人不光喜欢你，还喜欢你的推荐，比那些在其他平台上做网红的人来说，变现速度要快得多。很多人在其他平台上做了很久的网红，虽然很红，但却天天担心变现问题，发个广告又害怕掉粉，根本不敢发，生怕粉丝没有了。

而在淘宝端，这些情况都不会发生，因为大家在这里本来就是来购物的，看中你就是觉得你能教他们"买买买"，推荐他们买到好的商品。

因此，在这里不要担心你推荐产品会掉粉，也许你推荐的更多，增加的粉丝也更多呢！边赚钱，边做网红，梦想和赚钱两不误。况且，很多人做网红不也是为了赚钱吗？为什么不一举两得呢？

所以呢，做上一个月达人，你的佣金就到手了，你的生活费就解决了，你做网红的信心就有了，你也可以成长为一个大的网红了！

所以，我们不要觉得有些事情很难做，也不要觉得有些事情很好做，在网红这个圈子中有很多人都在朝里面走，视频直播的、写段子的、做创业的、写微博的，百万人之中，成为超级大 V 的机会还是很少的，很多人都还在网红的路上默默地耕耘，但是我们也要看到更多的机会。

网红的路有很多，重要的是创意和操作，而不是一定要遵循固定模式，别人走过的路你不一定走得通，走得好，淘宝达人的内容创作绝不是简单的复制和粘贴，这其中需要花费很大的精力，而且如今淘宝的认证审核也非常严格，因此大家在打造达人的过程中一定要注重细节，不管是名称和头像设置，还是内容的编辑，都必须提前做好规划。要善于利用互联网的极致思维来打造达人，将生活、工作、电商中的每一个细节都做到极致，有了好的基础才能真正成就爆款。

总的来说，淘宝达人也是一个网红的新机会，如果你有时间、有内容、有产品，这里绝对是值得一试的。

5.2.6 如何运作淘宝大 V 达人

用户可以通过淘宝达人平台发布内容，以及进行大 V 认证申请等操作，同时这里还提供相关的数据可以查看达人内容质量、推广效果。淘宝达人平台主要分为粉丝、频道、任务、统计以及账号 5 大模块。

1. 粉丝

在粉丝模块中，有 3 个具体功能，分别是订阅号、内容推送和我的问答。

（1）订阅号：这是一个全新的粉丝运营通道，主要是通过订阅号展现位置消息和订阅号内容浮现两种方式，来提高粉丝运营效率，如图 5-45 所示。

图 5-45 "订阅号"页面

（2）内容推送： 用户可以在此发布帖子、单品、清单、搭配以及视频等内容，也可以先打好草稿，内容可以发布到个人主页和微淘中，如图 5-46 所示。

图 5-46 内容推送

（3）我的问答： 达人可以在后台收到来自粉丝的提问，以及回复他们的问题。同时，在手机淘宝的"问大家"平台上，会展现这些问题和答案，如图 5-47 所示。

图 5-47 "问大家"平台

2. 频道

在频道模块中，有两个具体功能，分别是频道投稿和频道申请。首先用户要进行频道申请，当然它对于达人活跃度和粉丝人数有一定的要求，如图 5-48 所示。

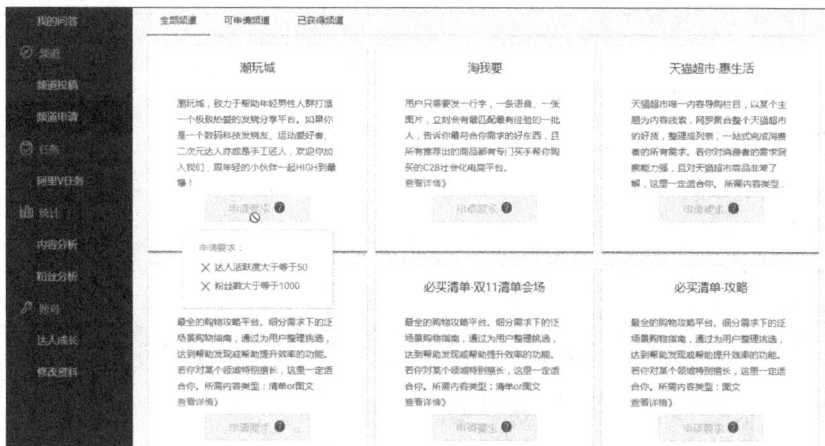

图 5-48 频道申请

频道作为一个达人创作内容的展示舞台，只要满足频道规定的条件后，即可申请频道投稿资格。图 5-49 所示为潮玩城达人频道的招募要求和流程。

潮玩城达人招募要求？

1. 淘宝达人（非加V也可以参与）
2. 在男人兴趣向有专长达人，例如数码科技、运动等等。
3. 内容具有创意、有较强的发烧专业性、新颖性或者话题性；
4. 至少提交5篇符合要求的帖子内容；
5. 有较强的文案编写，选品包装能力；
6. 行业专家及平台（如数码科技达人、coser、媒体等）有优先录取权；

潮玩城达人招募流程？

1. 点击"申请渠道"填写相关资料和报名内容。根据潮玩城达人发布规范发布，帖子形式的内容不少于5个，符合相应规范；
2. 报名后请关注达人后台消息通知是否通过。15个左右工作日审核完毕。
3. 通过后，加入潮玩城达人白名单，加群培训。验证申请中请备注达人账号。

图 5-49 潮玩城达人频道的招募要求和流程

当你提供的申请频道投搞资格审核通过后，即可在频道投稿。当投稿审核的内容通过后，即可展示给该频道的用户，达人可从中获取用户关注和赚取佣金。

3. 任务

任务模块中只有一个“阿里 V 任务”功能，它是商家和达人之间合作的纽带。

（1）商家：在此可以找到达人，请他们帮助推荐自己的品牌、店铺和宝贝，通过“阿里 V 任务”可以获得以下好处。

- 达人定制的原创内容。
- 达人的粉丝影响力。

- 线上交易服务体系。

（2）达人：有内容创作能力、有粉丝号召力，通过"阿里 V 任务"可以获得以下好处。

- 接触海量商家的机会。

- 获取更多收益的机会。

- 线上交易服务体系。

登陆"招商广场"页面，用户可以通过展现渠道、内容类型、达人领域、卖家类型等筛选条件，快速匹配符合自己的任务，如图 5-50 所示。

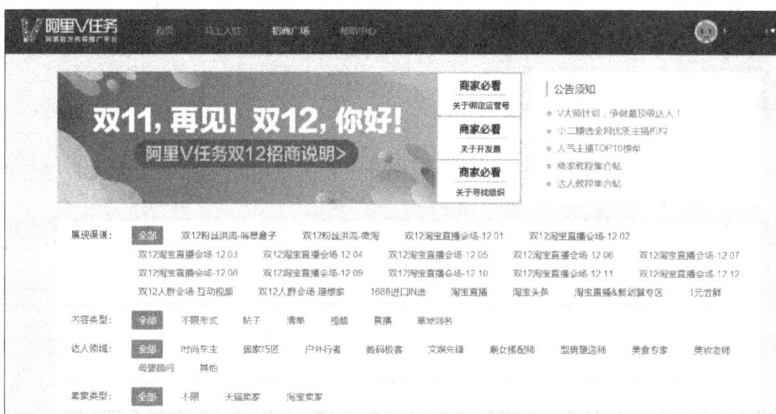

图 5-50 "招商广场"页面

另外，商家如果已有合作意向的达人，还可以在右上角的搜索框中输入达人昵称进行搜索，如图 5-51 所示。

图 5-51 搜索达人

"阿里 V 任务"的整体交易流程如图 5-52 所示。

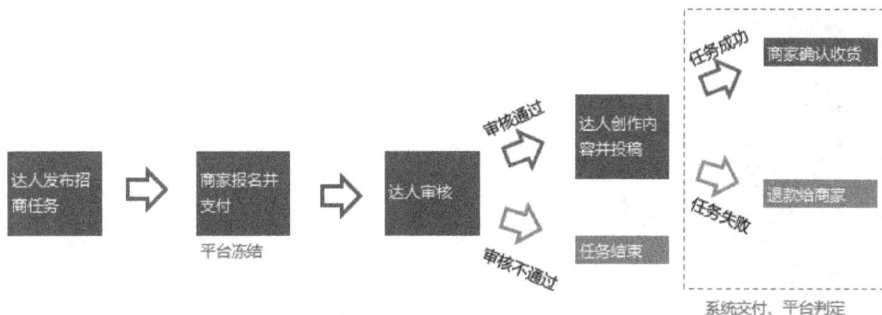

图 5-52　"阿里 V 任务"的整体交易流程

4. 统计

在统计模块中，有内容分析和粉丝分析两个数据分析功能。

（1）**内容分析：**基本数据（反映内容质量和内容专注度）、渠道数据［包括渠道录取内容数、阅读人数、阅读次数、成交额（元），反映了达人在各个渠道的流量获取和引导成交状况］、详细内容数据以及全部内容等数据分析，如图 5-53 所示。

图 5-53　"内容分析"页面

（2）**粉丝分析：**主要分为粉丝数据、粉丝趋势和粉丝画像 3 个方面的数据，如图 5-54 所示。

- 粉丝数据：包括粉丝总数、新增粉丝数、PV（page view，即页面浏览量）、UV（unique visitor，是指通过互联网访问、浏览这个网页的自然人）、分享数、评论数、点赞数等。

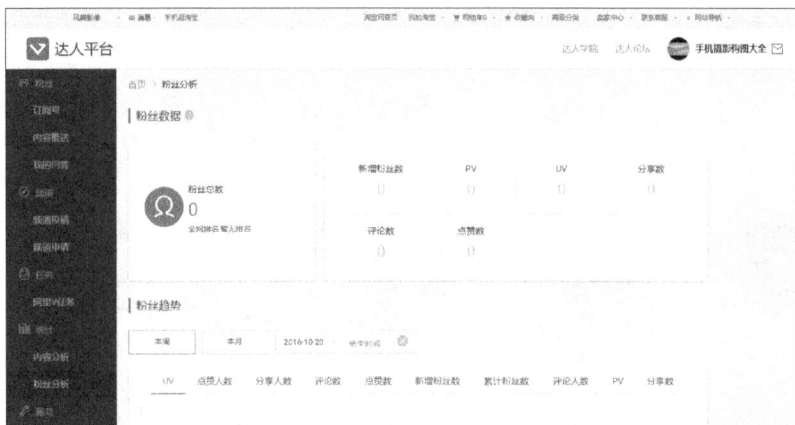

图 5-54　"粉丝分析"页面

- 粉丝画像：通过分析粉丝的性别、年龄、风格偏好、类目偏好、地域偏好、消费能力等数据，勾勒出精准的用户画像。用户画像又叫用户角色，是团队用来分析用户行为、动机、个人喜好的一种工具，用户画像能够让团队更加聚焦用户群体，对目标用户群体有一个更为精准的了解和分析。

5. 账号

在账号模块中，有达人成长和修改资料两个选项。

（1）达人成长： 系统会对达人的专业度、内容质量和平台数据等进行综合评估，然后根据评估结果计算出达人的成长等级，可以分为普通达人、创作达人、大咖、红人 4 个阶段，如图 5-55 所示。达人可以通过自己的努力，成长到更高阶段，获得阿里巴巴提供的更多的权益工具和相应的资源匹配，以便更好地为用户和粉丝服务，同时也可以收获名利。

图 5-55　达人成长

（2）**修改资料：**这里可以修改达人的账号信息，包括达人昵称、达人头像、个
人简介、联系人姓名、联系人电话以及邮箱地址等资料，如图 5-56 所示；以及通过
阿里妈妈平台查看淘宝客账户，如图 5-57 所示。

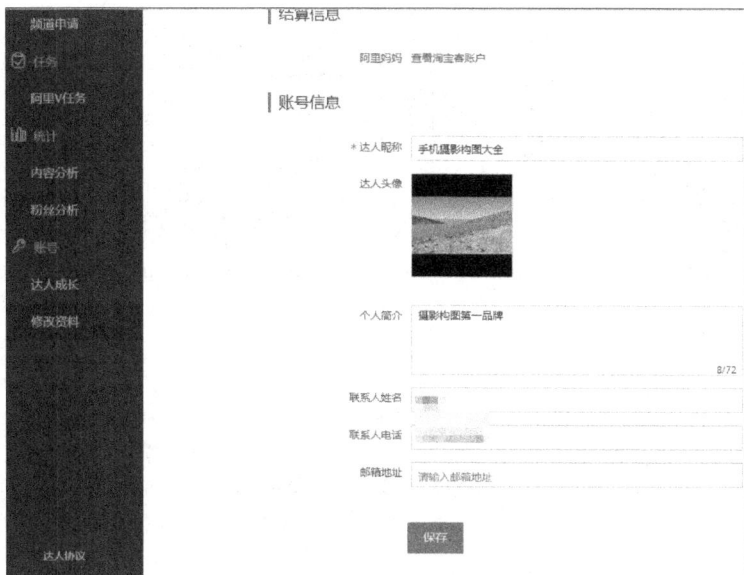

图 5-56　修改资料

图 5-57　登录阿里妈妈平台

5.2.7 使用达人数据指标

在达人成长中，提到过一个数据指标，它是达人成长的依据，因此非常重要，达人们都应该对其引起重视。图 5-58 所示为达人数据指标的具体内容。

图 5-58 达人数据指标的具体内容

其中，内容质量分对于达人来说是一个非常关键的数据指标，它直接影响了达人的成长阶段，其主要内容如图 5-59 所示。

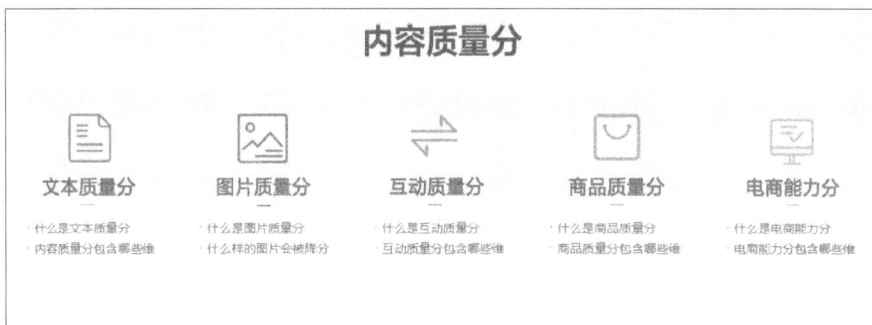

图 5-59 内容质量分的具体内容

（1）**文本质量分**：淘宝内容通常采用"文本＋图片＋商品"的展现形式，达人可以利用文字进一步体现出商品的价值，同时强化消费者认知。

（2）**图片质量分**：淘宝会严格审核达人内容中的图片，这个分值对内容的健康度和质量分有一定的影响。

（3）**互动质量分**：粉丝的互动行为就是达人内容得到他们认可的最直接表现，通过与粉丝互动可以提升达人账号的互动指数，从而间接提升达人数据指标分数。粉丝互动行为如图 5-60 所示。

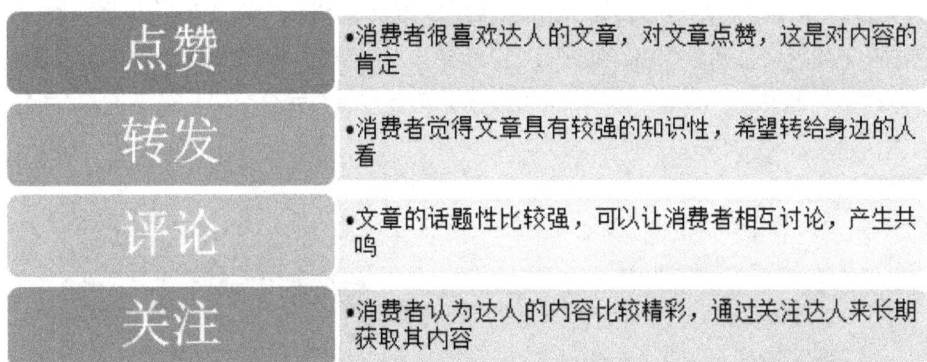

点赞	•消费者很喜欢达人的文章，对文章点赞，这是对内容的肯定
转发	•消费者觉得文章具有较强的知识性，希望转给身边的人看
评论	•文章的话题性比较强，可以让消费者相互讨论，产生共鸣
关注	•消费者认为达人的内容比较精彩，通过关注达人来长期获取其内容

图 5-60　粉丝互动行为

（4）**商品质量分**：其计算依据涉及了多种因素，可以体现出达人推荐的商品质量优劣。

（5）**电商能力分**：电商能力会考虑 3 个方面，包括达人为商品引导的流量、达人为商家提供的服务以及达人粉丝的转化情况。

💡 **专家提醒**

达人电商能力维度主要体现在达人获取的流量、粉丝运营能力、流量的转化率以及获得的最终成交金额等方面。

当然，如果达人想要提高自身的数据指标分数，可以采用以下进阶渠道快速升级，如图 5-61 所示。不过，每一个渠道的内容、要求和规范都有所不同，后面的章节中会进行具体的介绍。

图 5-61　达人的进阶渠道

5.2.8 达人产品的分享

商家可以自己分享或者调动粉丝达人商品，增加商品曝光率。在内容详情页面中，点击右下角的"分享"按钮，如图 5-62 所示。在弹出的"分享"菜单中，可以通过复制链接、淘长图、微信、QQ、手机联系人和淘友等方式分享包含商品推荐的相关内容，如图 5-63 所示。

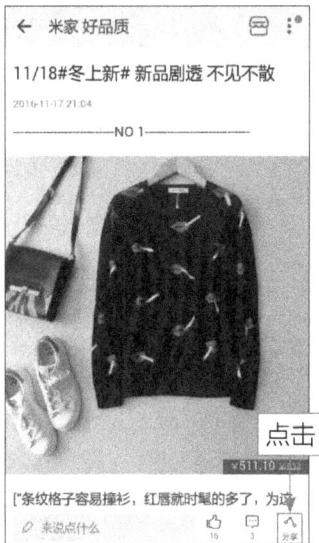

图 5-62 点击"分享"按钮

图 5-63 "分享"菜单

第6章

淘宝头条:
引领生活消费的资讯平台

学前提示

淘宝头条是一个热门新鲜有消费引导性的生活资讯和权威可信的经验分享平台,同时也是手机淘宝的第一个流量入口。因此,淘宝头条对于达人和商家来说,都是一个非常重要的内容电商平台,必须掌握其合作方式、内容形式以及操作技巧。

要点展示

>>> 教你怎么轻松上淘宝头条
>>> 淘宝头条的内容形式
>>> 轻松玩转淘宝头条

6.1 教你怎么轻松上淘宝头条

不管是在淘宝的 PC 端还是手机端，淘宝头条都是首屈一指的流量入口，是达人和商家都应该积极运用的引流工具。淘宝头条的内容定位是为用户提供引领潮流时尚的生活消费资讯，从上线开始就受到了淘宝用户的热烈关注。

当然，对于淘宝头条来说，最重要的还是那些可以输出优质头条内容的达人和商家，通过彼此相互合作，一方面可以为用户带来更好的服务，另一方面也能互惠互利、实现共赢。

6.1.1 什么是淘宝头条

淘宝未来的发展方向是"内容化＋社区化＋本地生活服务"，在这些前提的驱动下，推出了"淘宝头条"平台（又称为淘头条），图 6-1 所示为手机淘宝中的淘宝头条流量入口。

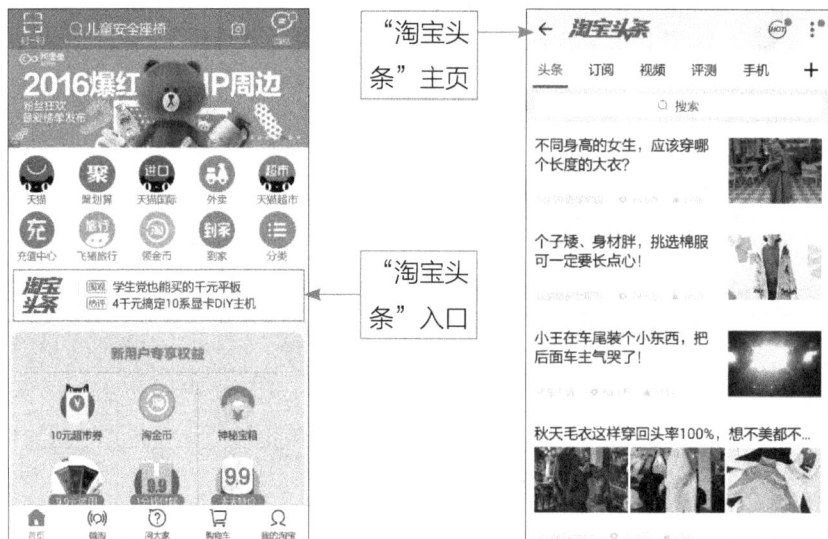

图 6-1 手机端的"淘宝头条"入口与页面

另外，用户也可以通过下载专门的"淘宝头条"APP 来使用其中的功能，如图 6-2 所示。如今，淘宝头条已成为国内最大的在线生活消费资讯媒体平台。

当然，想要入驻淘宝头条，商家还需要具备一定的资格（下面引用淘宝头条官方发布的入驻要求）。

- 机构媒体、内容电商、内容类公司、自媒体、意见领袖等获得相关社会机构资质认证或相关领域有一定影响力或粉丝数的内容创作者。

- 注册淘宝 ID（非开店且无商家背景）并开通达人身份。
- 通过淘宝头条对该账号外部资质的审核。

图 6-2　"淘宝头条"APP

6.1.2　了解城市斑马计划

2016 年 7 月 1 日，"淘宝头条"推出"城市斑马"计划，共建基于用户 LBS 定位功能的城市频道，首选城市为成都频道，如图 6-3 所示。

"淘宝头条"基于移动互联网时代的 LBS 定位功能，将推出一系列的城市频道来满足用户的本地化消费需求。同时，还可以将当地的优质内容生产者与阿里生态系统实现对接，打造一个垂直领域的城市媒体生态圈，创业者可以运用优质内容在当地"淘宝头条"入口建立一定的影响力，最终实现内容价值变现。

图 6-3　"淘宝头条·成都频道"

另外，还将在北京、天津、南京、上海、杭州、广州、深圳、重庆等城市陆续开通"淘宝头条"，实现本地化内容电商的布局。

"城市斑马"计划的主旨，就是将"淘宝头条"实现落地化，通过与全国各大城市的主流媒体合作，让"淘宝头条"的内容与城市频道实现深度融合，让这些城市中的优质内容生产者可以更快地与阿里生态电商系统实现对接，从而打造出一个基于城市媒体的垂直生态圈，如图 6-4 所示。

图 6-4 "城市斑马"计划的意义

6.1.3 了解淘宝头条指数

淘宝头条指数是一个以大数据分析为基础的可视化内容解读平台产品，具体内容如图 6-5 所示。

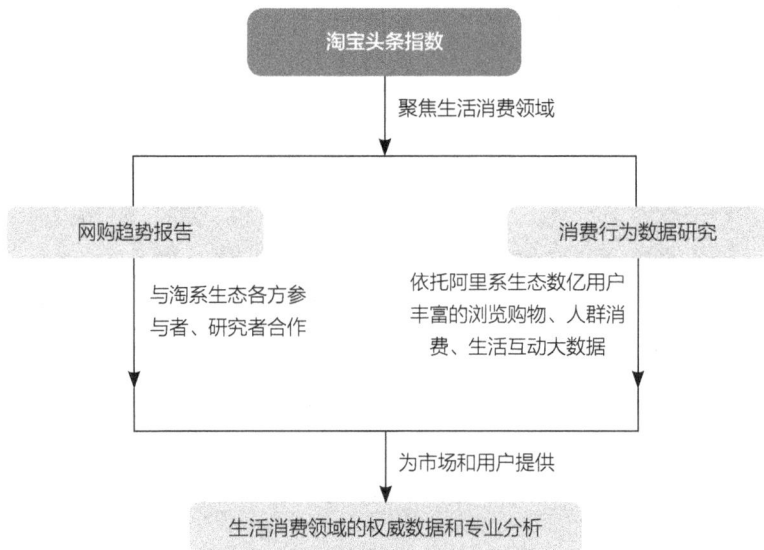

图 6-5 淘宝头条指数的具体内容

目前，淘宝头条指数与 DT 财经、"新榜"等新媒体平台开始了深度合作，并发布了"2016 上半年淘宝手机网购报告""中国重点大学网购排行报告"等。

在“2016 上半年淘宝手机网购报告”中，列出了“最热卖手机品牌”“网购手机最多的城市 top10”“男性最青睐的十大手机品牌”等多份榜单。例如，深圳在“网购手机最多的城市 top10”榜单中排在第 3 位，但在“网购手机花销最大的城市 top10”榜单中排在首位，如图 6-6 所示，这说明深圳市场的手机数量虽然不是最多的，但其更偏向消费价格更高的手机。

网购手机数量最多的城市top10	网购手机花销最大的城市top10
1. 广州	1. 深圳
2. 上海	2. 上海
3. 深圳	3. 北京
4. 北京	4. 广州
5. 东莞	5. 杭州
6. 重庆	6. 东莞
7. 杭州	7. 武汉
8. 武汉	8. 重庆
9. 佛山	9. 成都
10. 成都	10. 佛山

图 6-6 “2016 上半年淘宝手机网购报告”部分榜单（图片来源：淘宝头条指数）

对于淘宝商家和以销售产品为主的自媒体达人来说，关注市场行情是很有必要的。若商家要了解商品行情，知道什么最好卖，即可通过淘宝头条指数等榜单来查看。

6.1.4 淘宝头条的相关数据

据悉，“淘宝头条”目前拥有超过千万的日活跃用户数，一篇优质内容可以收获 800 万 + 的阅读量，一个优质账号 8 个月内订阅粉丝可达 90 多万，平均每月涨粉可达 10 万 +。另外，“淘宝头条”的内容运营者收益情况也比较可观，一篇淘宝头条热读文章可以给发布者带来十多万元的佣金收益。

“淘宝头条”受到广大用户的关注和喜爱，据悉每个月有超过 8000 万消费者通过该平台获取消费类资讯内容。

6.1.5 淘宝头条的首页内容

在淘宝头条 APP 中，首页内容分为头条、5 分钟、订阅、视频、评测、手机、美搭等几个版块，如图 6-7 所示。

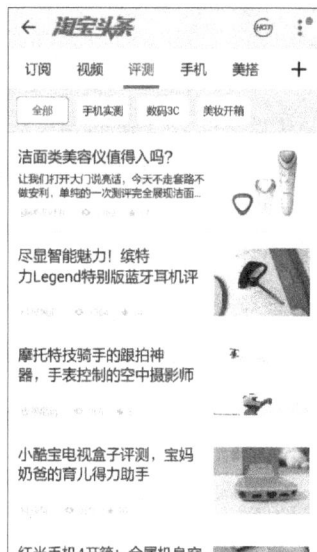

图 6-7　淘宝头条 APP 的首页内容

图 6-8 所示为手机淘宝端的淘宝头条首页内容。每个板块下面，分别提供不同类目的内容资讯。

图 6-8　手机淘宝端的淘宝头条首页内容

可以看到，不管是 APP 端，还是手机淘宝端，很多版块下面都有一些标签，如图 6-9 所示。这也是前面介绍的达人标签化和商品标签化的进一步表现，即头条内容的标签化，这样不但可以让用户快速找到自己想看的内容，同时也可以帮助商家的内容实现更加精准的引流。

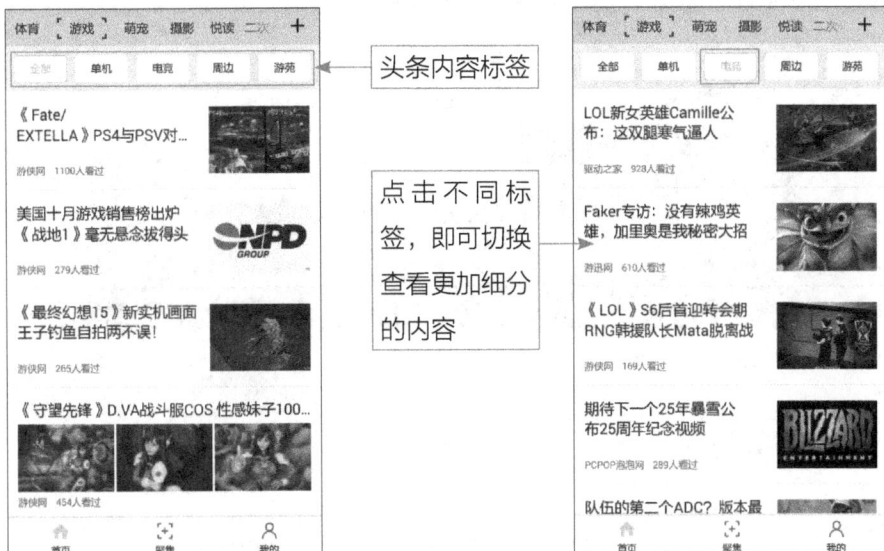

图 6-9　头条内容的标签化

6.1.6　淘宝头条的招募对象

目前，"淘宝头条"的开放对象包括组织、机构及个人（如纸质媒体、电视媒体、业界达人等），但前提是必须提供优质内容，图6-10所示为"淘宝头条"的报名条件、费用及注意事项。

图 6-10　"淘宝头条"的报名条件、费用及注意事项

　　具体的招募要求，用户可以在电脑端进入淘宝头条首页，点击右侧的"快到碗里来 淘宝头条招募"按钮来查看，如图 6-11 所示。

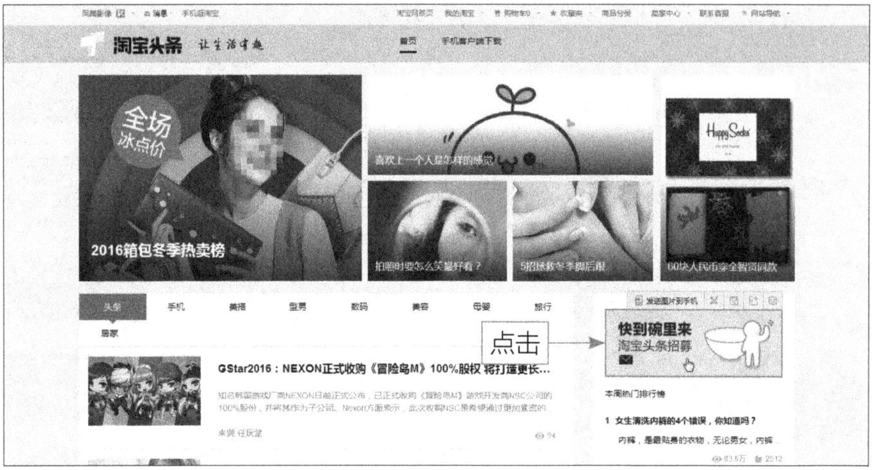

图 6-11　点击"快到碗里来 淘宝头条招募"按钮来查看

　　执行操作后，即可进入"合作伙伴招募公告"页面，在此显示了合作背景、合作对象、联系方式、合作方式以及合作内容说明等，如图 6-12 所示。

图 6-12　"合作伙伴招募公告"页面

6.1.7　淘宝头条的合作方式

　　"淘宝头条"的联系邮箱为：taobaotoutiao@service.taobao.com。目前，"淘宝头条"的合作方式主要有两种，如图 6-13 所示。

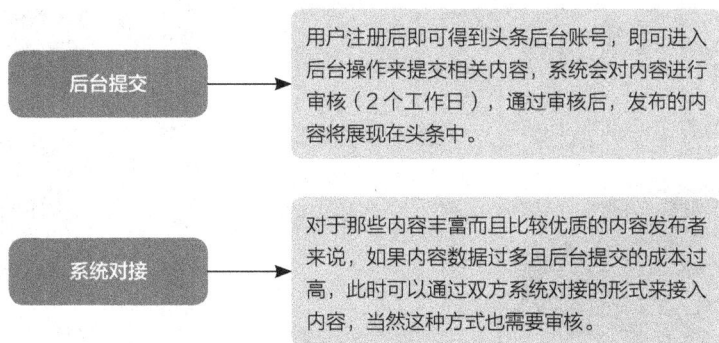

图 6-13　"淘宝头条"的合作方式

6.1.8　解读淘宝的内容化布局

如今，淘宝推出了一系列的平台和入口，将商家向内容电商的方向引导，帮助他们生产内容，并且形成新的消费端口。其中，淘宝头条就是首当其冲的内容端口，它可以给商家带来更多势能，一篇优质内容的阅读量甚至可以超过百万，而且转化率非常高，极容易产生爆品。例如，这篇"不愧是华为！黑科技'超级'电池 20 秒充满手机"的文章，其阅读量过万，如图 6-14 所示。

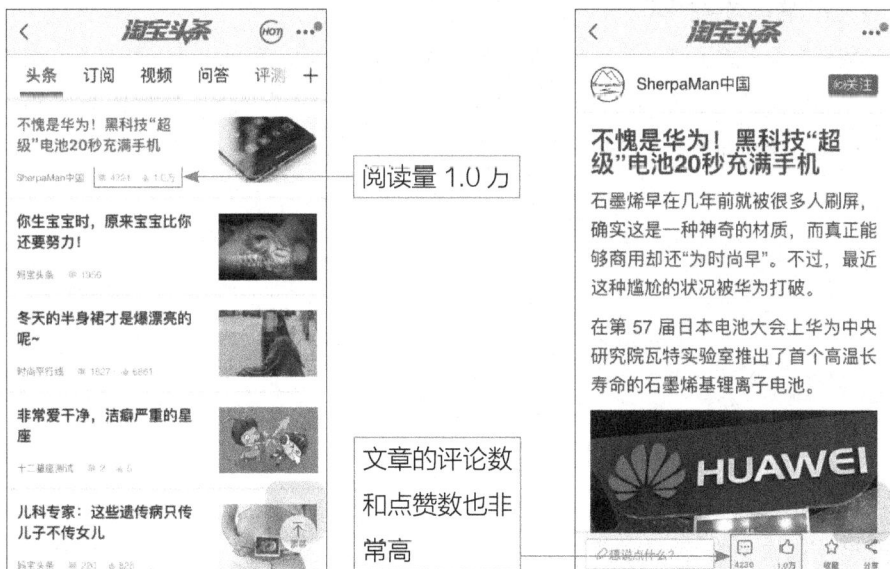

图 6-14　淘宝头条文章"不愧是华为！黑科技'超级'电池 20 秒充满手机"

从该文章后面推荐的商品来看，其月销量也非常不错，可见淘宝头条为其带来了不少的流量，如图 6-15 所示。

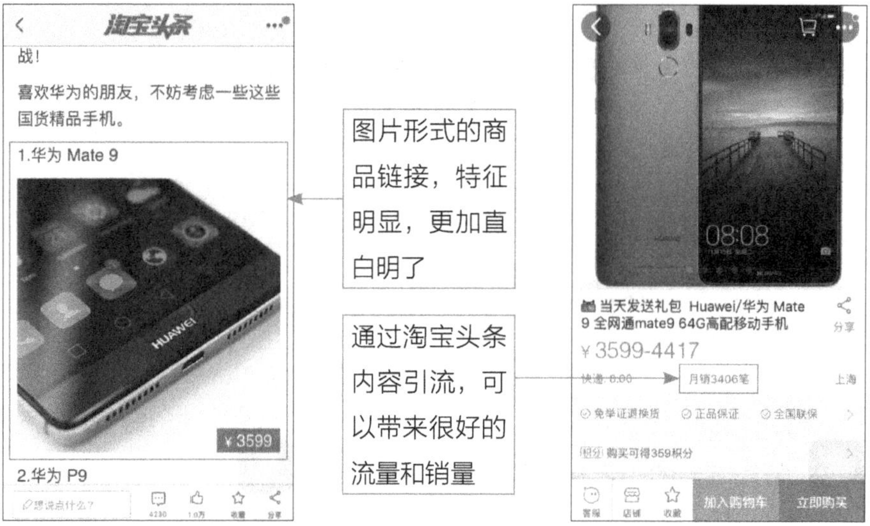

图 6-15　优质内容可以为店铺商品带来更多销量

　　淘宝头条上的用户大多具有很强烈的消费意愿，而且他们比普通消费者的时间更多，品质、性价和兴趣等消费追求也更强。因此，只要商家能够在淘宝头条上输出足够优质的内容，其转化率也许比微信等其他平台的软文营销效果要强。

1. 打造内容电商生态圈

　　另一方面，除了淘宝头条、社区、爱逛街、有好货等自有平台外，淘宝还与微博、优酷土豆等第三方企业进行内容领域的合作，打造出"内容生产＋内容传播＋内容消费"的内容电商生态圈。例如，优酷土豆推出的边看边买功能，用户可以直接在视频中加入商品 URL，如图 6-16 所示。

图 6-16　设置优酷土豆的边看边买功能

　　对于淘宝中的重要内容生产者——网红店主来说，借助最多的吸粉引流平台就是微博了。服装搭配师 miuo 就是典型的代表，她通过在微博上分享文字、图片以及视频等穿搭技巧和时尚经验，如图 6-17 所示，吸引大量粉丝关注，并通过互动沟通了解他们的需求，从而在社交网络上建立了良好的粉丝口碑。

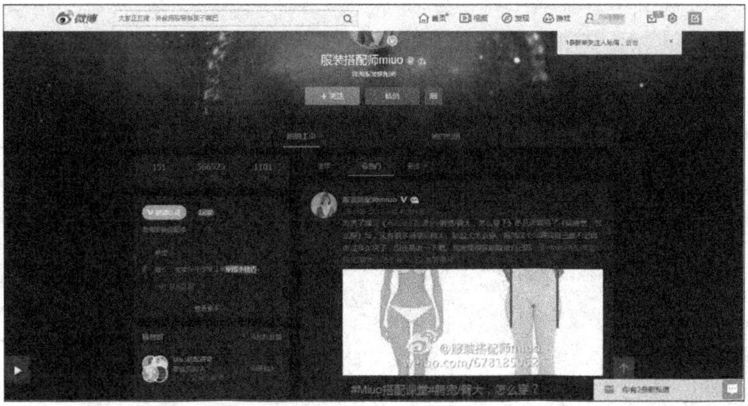

图 6-17　设置优酷土豆的边看边买功能

图 6-18 所示为服装搭配师 miuo 的淘宝达人主页，其内容关注量达到了 150 多万，同时可以给商品带来不错的销量。

图 6-18　服装搭配师 miuo 的淘宝达人主页

2. 网红孵化器保证内容的持续性

另外，在淘宝平台中还诞生了很多网红孵化器，使电商网红形成了一种流水线生产模式，保证内容的持续稳定生产。这些网红孵化器提供了店铺运营、供应链支持、打造网红、粉丝营销等一站式服务，典型代表有如涵电商和 LIN 家。

例如，LIN 家会在微博上选择一些小有名气的网红来签约培养，它看中的便是他们拥有的粉丝数量和可以开发的变现能力。LIN 家的创始人叫张瑜，他的妻子张林超的另一个身份就是淘宝红人店家，据悉她的微博粉丝达到 280 多万（如图 6-19 所示），店铺的年销售额达到一亿多元。

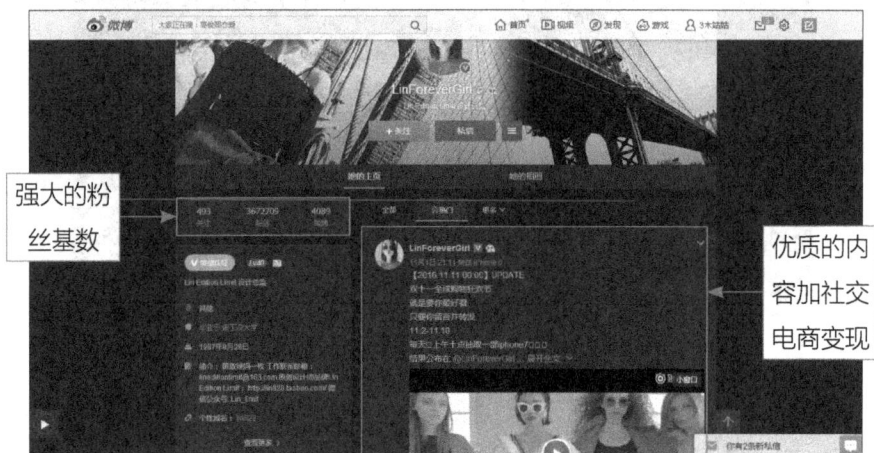

图 6-19　张林超的微博主页

通过 LIN 家的包装与运营，张林超的粉丝数量和店铺销量也节节攀升，在"2016年度中国电商红人榜"中已经位居前三。

图 6-20 所示为 LIN 家的运营模式。

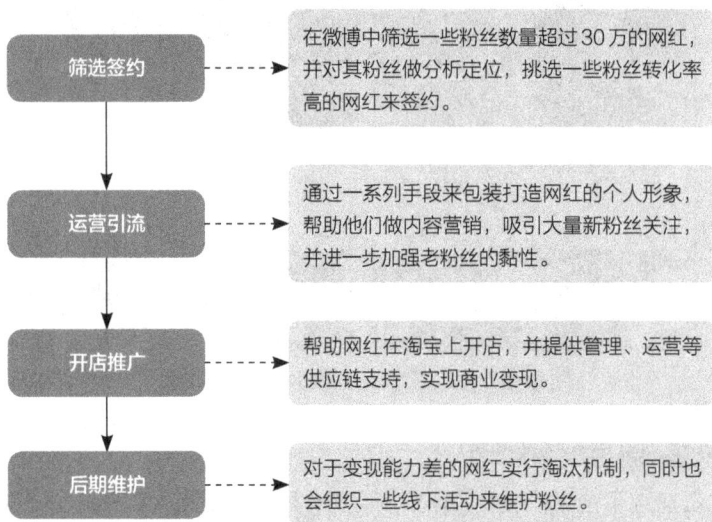

图 6-20　LIN 家的运营模式

3. 内容布局趋势：品牌年轻化

对于淘宝内容电商来说，现在不但有了淘宝头条等成绩不错的内容平台，而且也有了大批网红持续输出内容，因此接下来的任务就是带动更多的消费者和商家去创造内容和流行趋势，像微信一样形成一种强黏性的社交关系。

其中，移动互联网的主要用户群体，也就是年轻的 85 后、90 后成为了淘宝首要的争取对象，从下面几个方面即可看出淘宝的内容布局趋势：即品牌年轻化。

（1）淘宝新势力周

淘宝新势力周活动主要以男装、女装、鞋帽等服饰为主题，同时搭配有母婴、电器数码等类目，如 # 放胆去 #、# 独立上身 #、# 看我 #、# 夏天荷尔蒙 # 等主题活动，吸引了大批网红参与，打造了一场又一场的互联网时装周，如图 6-21 所示。

图 6-21　淘宝新势力周活动

淘宝新势力周的各期主题虽然不同，但其内容都是非常吸引年轻人参与的兴奋点，符合他们的文化和偏好。如今，可以毫不犹豫地说，淘宝已经找到了和年轻人沟通的正确方式。

（2）淘宝造物节

"淘宝造物节"同样是一场属于年轻人的年度盛事，其声势不亚于双十一。2016年 7 月 22 ~ 24 日，"首届淘宝造物节"正式在上海世博展览馆举办，其主要内容如图 6-22 所示，这是为全球年轻人创造想象力的狂欢盛宴。

TAO 是"淘宝造物节"的标志形象。

- T 代表 Technology（科技）：最火的黑科技。

图 6-22 "首届淘宝造物节"内容清单

- A 代表 Art（艺术）：最潮的艺术。
- O 代表 Originality（原创力）：淘宝卖家中具有创造力的典型代表。

这样的标志寓意显而易见，就是通过极具互动性的参与方式，向全世界的年轻人，展示科技、亚文化、潮流时尚、现场综艺、音乐等年轻化的内容。

"淘宝造物节"属于线下活动，采用的是门票进场制，如图 6-23 所示。在线上销售平台上，"淘宝造物节"的门票同样火热，甚至还有买不到票的用户高价求票。

图 6-23 "淘宝造物节"的门票销售

如今,新颖奇特的产品和内容,成为了年轻人群中最受欢迎和最易传播的内容形式,这一点也被淘宝及时发现并运用。同时,"淘宝造物节"也成为商家展示亚文化产品的最佳阵地,不但可以吸引年轻用户关注,而且对其他商家具有一定的引导作用,充分调动他们的创造力,进一步丰富淘宝的内容生态。

(3)淘宝《一千零一夜》

淘宝通过数据分析得出一个结论,那就是深夜 22 点~24 点是用户使用淘宝的一个小高峰时期,因此推出《一千零一夜》栏目,如图 6-24 所示,通过一些睡前的都市奇幻小故事,给此时逛淘宝的用户带来一些惊喜。

图 6-24　淘宝《一千零一夜》

《一千零一夜》项目负责人陈文心(沐尘)表示:"我们认为淘宝本身就是一个非常有趣的 IP,围绕着形形色色的商品每天都在发生着或温暖或有趣的故事,何不把这些故事讲给用户听呢?"据悉,《一千零一夜》的第一集"鲅鱼水饺"上线一天内,这家饺子店的饺子销量上涨五倍。

淘宝市场部表示:"内容化是淘宝 2016 年的一个重要方向。我们选择了用视频这个媒介方式来讲故事,基本达到预期。我们希望通过这个策划,传递好的商品,也希望'一千零一夜'项目形成的品牌,让更多的合作伙伴加入 PGC,一起把'淘宝'这个 IP,挖掘出更多的内容。"

在 2016 年 3 月的年度淘宝卖家大会上,阿里巴巴 CEO 张勇说:"每个卖家都可以变成网红,只要你找到年轻人感兴趣的内容。"大概总结了本篇文章的观点。

由此可见,从淘宝头条开始到《一千零一夜》,淘宝在内容布局上已经越来越深入、细化,并且掌握了年轻人这个主流淘宝消费群体的喜好,这些都是淘宝网店商家必须抓住的时代趋势，寻找新的玩法和思路，开创属于自己的内容电商。

6.1.9 聚划算与淘宝头条的合作创新

在聚划算平台上，有一个和天猫"双十一"同样重要的购物盛典——"99聚星节"，如图6-25所示。

图6-25 "99聚星节"

"99聚星节"是由聚划算与淘宝头条进行合作创新，推出的一个精品内容导购系统，通过打通淘宝头条的达人内容和聚划算的"大促策略"，将精品好货的推荐任务交由淘宝达人来完成，通过规则化和规模化的机制深度融合内容和消费，如图6-26所示。

图6-26 "99聚星节"的内容电商模式

聚划算总经理刘博表示："新中产消费者注重生活品质，只愿意选择那些让自己产生信赖感的产品。聚划算联手淘宝头条，调动优质内容生产者定制内容，让用户产生信赖，同时增强品牌心智，提升转化率。"

在"99聚星节"中,除了实现"自媒体内容变现"外,还涌现出许多内容电商新玩法。

（1）**全民互动扫Logo：** 例如,用户只需打开聚划算APP,打开扫一扫功能,用手机摄像头对准周大生的品牌Logo扫一扫,即有机会以1分钱秒杀周大生的黄金饰品,如图6-27所示。

（2）**明星买手直播：** 邀请杜海涛、林依轮、艾力等明星强IP入驻淘宝直播,进行最具互动性的直播内容营销,消费者可以边看边买。

（3）**拉人让红包翻倍：** 消费者可以领取平台发放的红包翻倍卡,通过移动互联网社交圈分享红包,拉人帮忙提升红包翻倍卡的翻倍能力,并获得价值更高的红包,形成"病毒营销"效果,如图6-28所示。

图6-27 全民互动扫Logo

图6-28 拉人让红包翻倍

淘宝头条负责人怀俊杰表示："聚划算背靠海量中产阶级用户,拥有惊人的短期爆发力,与淘宝达人的内容生产机制配合相得益彰,未来淘宝头条希望与聚划算建立长期合作,共同打造内容消费新生态。"

💡 **专家提醒**

报名"淘宝头条"的商品还必须符合一定的条件。

- 店铺类型：集市卖家或商城卖家。
- 产品价格：0 ~ 9999元。
- 产品质量为过关：虽然系统无法核实产品问题,但是发布者必须遵守原则。
- 消费者保障服务：商家要加入消费者保障服务。
- 费用：需要付费。

6.2　淘宝头条的内容形式

"淘宝头条"提供了订阅、视频、评测、手机、美搭、型男、明星、数码、美容、母婴、瘦身、趣玩、体育、游戏、萌宠、摄影、悦读、二次元等栏目版块，如图 6-29 所示。

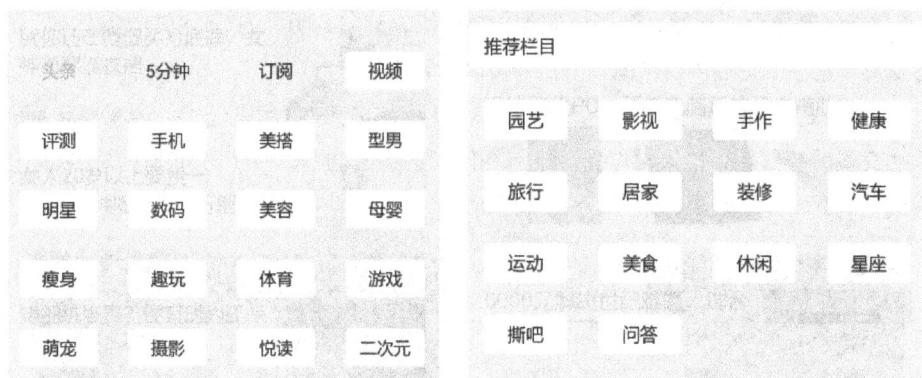

图 6-29　"淘宝头条"的内容栏目

在这些内容资讯中，商家可以添加产品链接，不过要注意的是，必须是淘宝系链接，如图 6-30 所示。

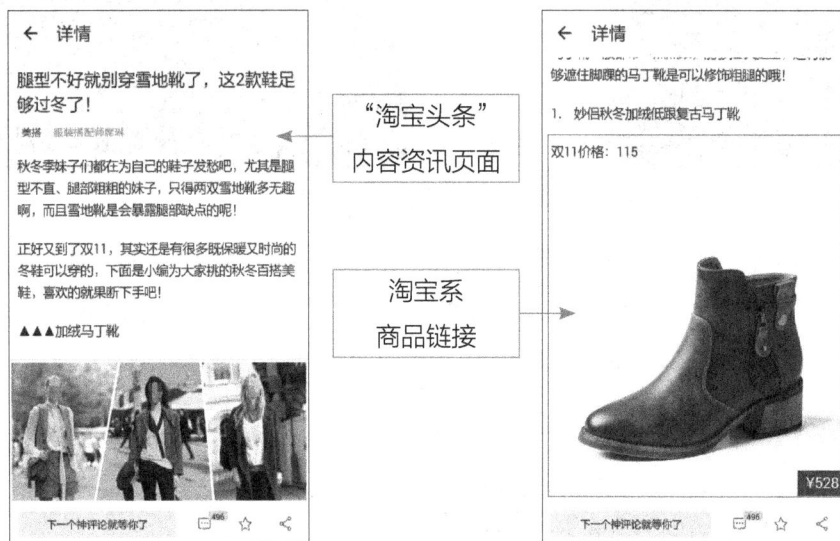

图 6-30　"淘宝头条"的内容资讯页面中可以添加淘宝系商品链接

点击这些商品图片的链接，即可进入商家的店铺中快速购买相关的商品，完成从内容到电商的引流，如图 6-31 所示。

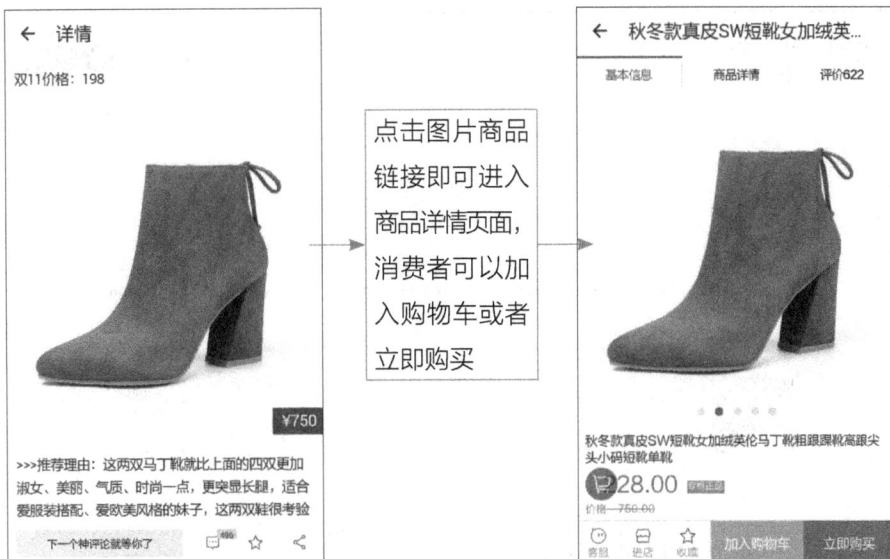

图 6-31　点击商品链接可以实现快速购买

可以看到，淘宝头条的内容变现形式比其他新媒体平台的电商变现要更加直接、方便，可以十分有效地为店铺增加流量，同时带动店铺销量。那么，淘宝头条的内容有什么要求，哪些内容更容易进行操作呢？本节将介绍淘宝头条的具体内容形式。

6.2.1　潮流资讯

在淘宝头条中，与潮流趋势相关的资讯内容是最受欢迎，也是最容易通过的内容形式，而且这种内容的覆盖范围非常广泛，包括穿搭、居家、数码、户外等各个领域。例如，Lady 美人日记发布的美搭课程，为用户解读各种穿搭类时尚潮流趋势，每期都可以获得很高的阅读量，如图 6-32 所示。

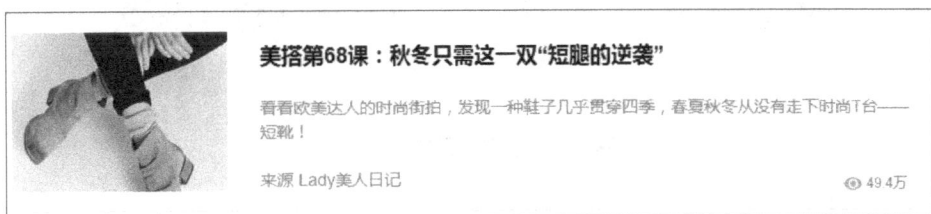

图 6-32　穿搭类时尚潮流趋势

另外，3C 数码等前沿科技产品的首发信息同步、解读等内容形式也是比较受欢迎的。图 6-33 所示为科技小布丁发布的"小米 MIX 不丑还有超越，为何锤子惊艳后回归平凡"。

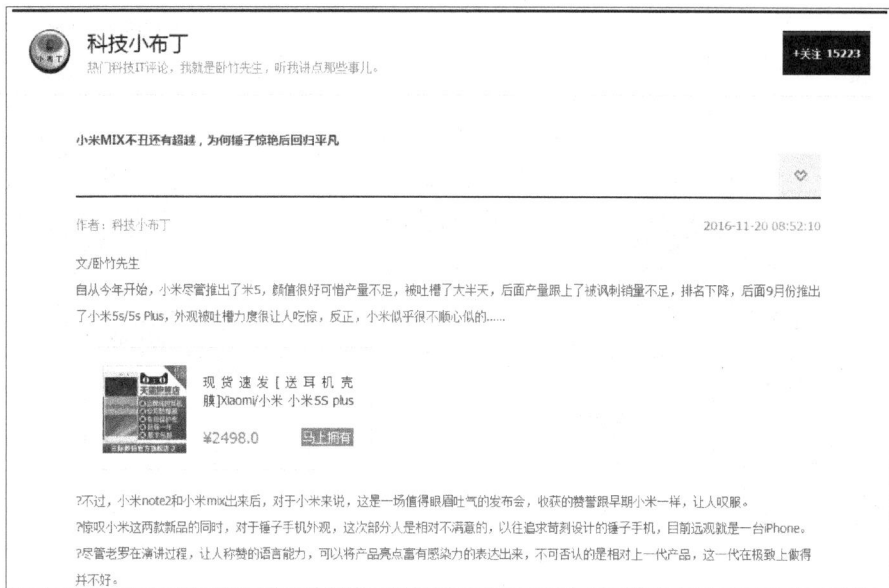

图 6-33　科技小布丁发布的"小米 MIX 不丑还有超越，为何锤子惊艳后回归平凡"

　　品牌故事、态度跟踪、秀场／展会／流行元素解读、新潮生活方式等其他资讯也是潮流时尚资讯的主要内容形式，这些新鲜的资讯分享还需要掌握一定的原则，如图6-34 所示。

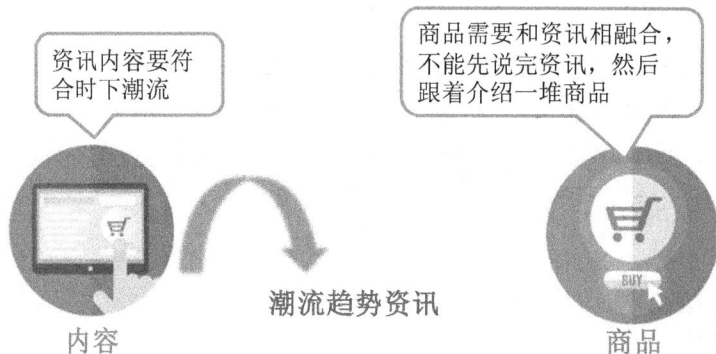

图 6-34　新鲜资讯的分享原则

6.2.2　明星话题

　　明星话题包括以下几种内容形式：

　　（1）剧情速递：包括热播剧集、电影、真人秀节目的最新资讯等内容。图 6-35所示为 cool 尚潮发布的"《速度与激情 7》解剖硬汉的新衣"。

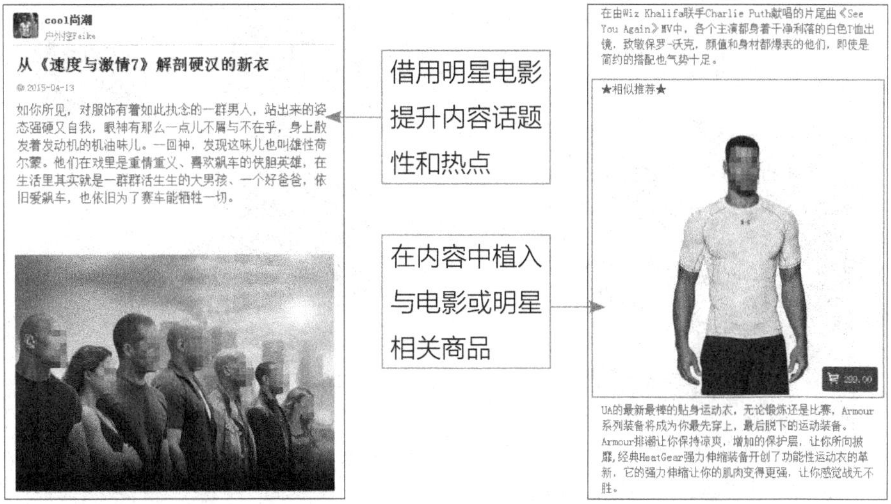

图 6-35 cool 尚潮发布的"《速度与激情 7》解剖硬汉的新衣"

（2）明星同款： 当下热门的影视圈活动明星热门同款推荐。图 6-36 所示为
cool 尚潮发布的"香港电影金像奖女星颜值 PK 心机"。

图 6-36 cool 尚潮发布的"香港电影金像奖女星颜值 PK 心机"

（3）明星爱物： 明星最爱用的物品大盘点。图 6-37 所示为食荟君发布的"世界
最贵超模告别 T 台 魔鬼身材并非光练不吃"。

（4）明星代言： 明星代言的产品介绍。图 6-38 所示为 if 发布的"这是范冰冰放
下 LV 后，拿起的第一个包包！"

图 6-37　"明星爱物"相关内容

图 6-38　明星代言的内容形式

6.2.3　热点话题

在不同的地域、时间等维度下，通常会产生一些热点话题，这也是内容电商运营者需要热切关注的，将其与商品结合可以带来更强大的轰动效应。

（1）社会热点： 和社会相关的热点结合引出商品推荐。图 6-39 所示为"舌尖上的享受"发布的"防癌宣传周，说说防癌那些事！"

（2）节日热点： 和节日的热点结合引出商品推荐。图 6-40 所示为"趣享"发布的与愚人节相关的"脑洞大开的愚人节整人利器"内容。

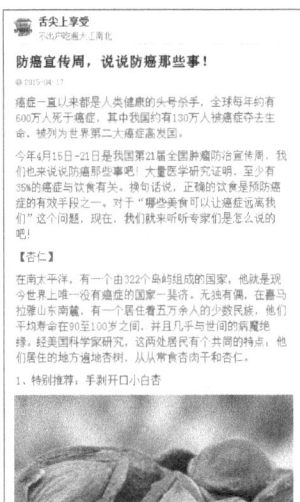

图 6-39　"社会热点"相关内容

图 6-40　"节日热点"相关内容

（3）**季节热点**：和季节相关的热点结合引出商品推荐。

6.2.4　商品盘点

商品盘点可以细分为以下几种类型。

（1）**奇特单品**：例如，果库网发布的"20 件脑洞大开的小物，剁手党给跪了"，以及创意集合部发布的"杯水值千金: 最奢侈的矿泉水"等，都是典型案例，如图 6-41 所示。

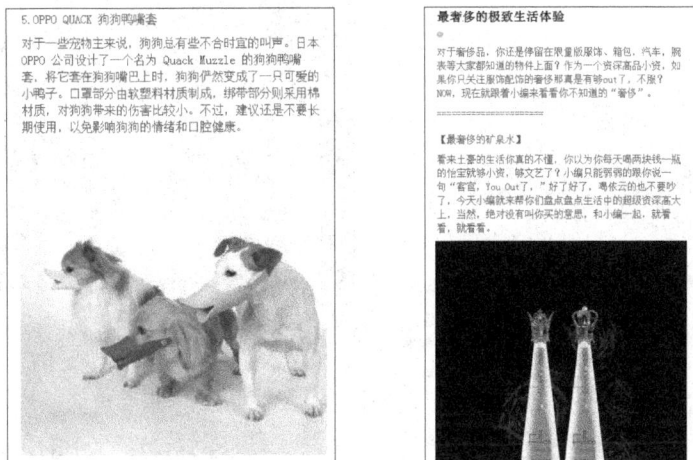

图 6-41　奇特单品相关内容案例

（2）**性价比商品推荐**：例如，化妆师莉莎莎发布的"7 款好用眼部产品对比，看性价比之土"就是性价比商品推荐的典型内容案例，如图 6-42 所示。

图 6-42　性价比商品推荐相关内容案例

（**3**）**潮流单品：**例如，ShoeGaxe 自赏发布的"姑娘，你胸前的那块布迷住了我 .avi"，就通过创意性极强的标题突出了潮流单品的特色，如图 6-43 所示。

图 6-43　潮流单品相关内容案例

（**4**）**不同适用类型商品推荐：**例如，由凡有发布的"家有老人必看！"，文中以老人为切入点，介绍了很多适合老年人的不同类型的生活用品，如图 6-44 所示。

图 6-44　不同适用类型商品推荐相关内容案例

在创作商品盘点的内容形式时，创作者要学会围绕不同主题组织多个商品集，相关技巧如图 6-45 所示。

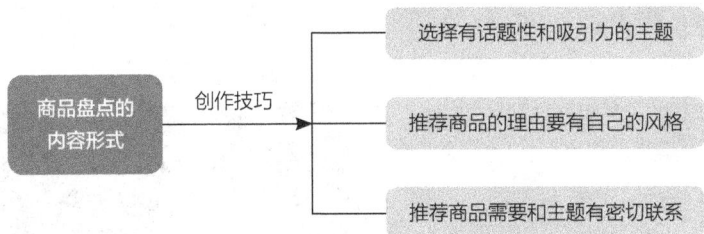

图 6-45　商品盘点的内容形式的创作技巧

6.2.5　经验技巧

比较实用的生活知识以及经验分享等类型的资讯也是上头条的好内容，下面介绍几种典型的细分内容形式。

（1）**美容美体技巧：**例如，化妆师莉莎莎发布的"百元化妆单品也可以打扮得美美哒"，其中就介绍了很多美容化妆技巧，如图 6-46 所示。

图 6-46　美容美体技巧相关内容案例

💡 专家提醒

　　在淘宝头条中分享经验技巧时，一定要突出内容给用户带来的实用价值，而且必须是切实可用的。

（2）**穿搭技巧：**例如，SE 魔发布的"矩形身材怎么穿？"，其中就针对"矩形身材"的人群，介绍了很多穿搭技巧，如图 6-47 所示。

图 6-47　穿搭技巧相关内容案例

（3）**怀孕育儿技巧：** 例如，优活母婴发布的"宝宝刷牙分阶段攻略"，其中就结合实用商品介绍了很多宝宝刷牙的技巧，对于很多年轻"宝妈"来说，确实是比较实用的内容，如图 6-48 所示。

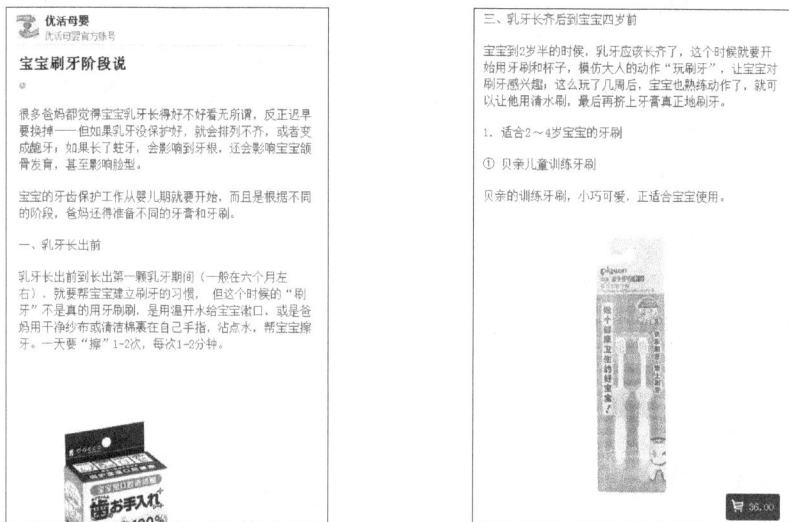

图 6-48　怀孕育儿技巧相关内容案例

（4）**生活家装技巧：** 例如，cool 尚潮发布的"论洗鞋的十八般武艺，洗，刷刷"，不但巧妙地在如何清洗鞋子的经验技巧中植入了很多鞋子品牌，而且还推荐了一些清理套装，可以说是"一举三得"，如图 6-49 所示。

图 6-49　生活家装技巧相关内容案例

　　需要注意的是，在创作经验技巧类内容时，一定要巧妙地将商品融入到这些经验技巧中，不能太过于直白，更不能先讲技巧，然后放一堆商品，这样消费者在面对这些商品时，会显得无所适从。

💡 专家提醒

　　另外，其他和生活、娱乐、消费相关的新鲜资讯，以及根据淘宝头条自产栏目的内容需要向合作伙伴邀稿等，这些都是上头条的好机会。

6.3　轻松玩转淘宝头条

　　对于商家来说，只需在一个自然月内按照要求发布 15 条内容，只要其中的 12 条内容被审核通过，即可获得头条白名单资格。之后，商家即可进行头条投稿，每天最多可以发布 5 条头条内容。发布头条内容后，还需要多对其进行优化，让内容更加优质，这样才能更好地吸粉引流。

6.3.1　查看热门排行榜

　　热门排行榜上集合了一些优质内容，这些都是值得普通商家关注和学习的地方，可以多看看哪些内容是最受欢迎的，研究一下它们都有哪些特点和规律，并加以运用，将其融入到自己的内容电商中。

在手机淘宝上的淘宝头条主页中，在左上角可以看到一个"HOT"按钮，如图6-50所示。点击该按钮，即可查看"热门排行榜 TOP20"，如图6-51所示。

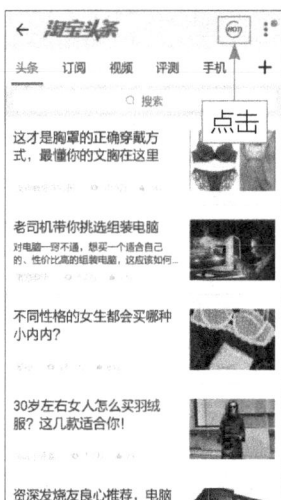

图 6-50　点击"HOT"按钮

图 6-51　头条资讯热门排行榜 TOP20

6.3.2　定制个人专属头条

商家可以定制个人专属头条页面，将一些跟自己行业相关的头条标签添加到导航栏中，可以更加方便地查看适合自己的内容。

在淘宝头条 APP 中，点击主页右上角的"＋"按钮，如图6-52所示。执行操作后，进入栏目编辑界面，如图6-53所示。

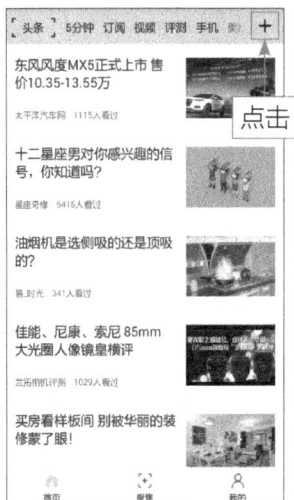

图 6-52　点击"＋"按钮

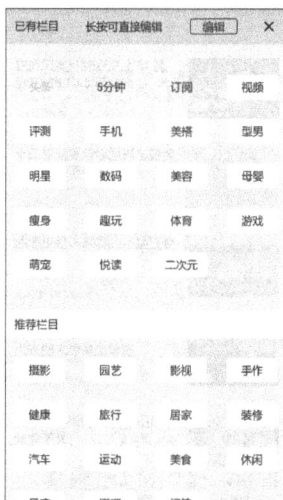

图 6-53　栏目编辑界面

除了头条、5分钟和订阅3个标签不能编辑外，用户可以点击"编辑"按钮，或者长按相应标签进入编辑状态，如图6-54所示。例如，用户不想看"二次元"的信息，即可点击该标签右上角的 × 图标将其删除，如图6-55所示。

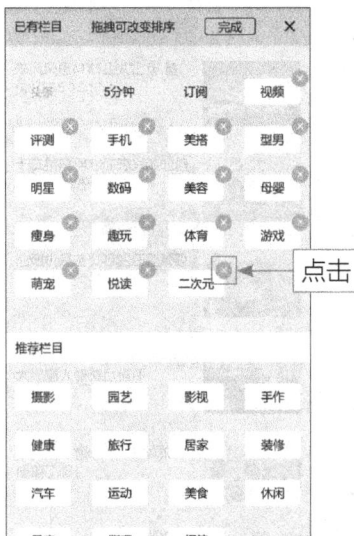

图 6-54　编辑状态

图 6-55　删除"二次元"标签

如果用户想查看与运动相关的内容，可以在"推荐栏目"选项区中点击"运动"标签，即可将其添加到已有栏目中，点击"完成"按钮即可保存修改，在主页导航栏中可以快速切换至"运动"选项卡查看相关内容，如图6-56所示。

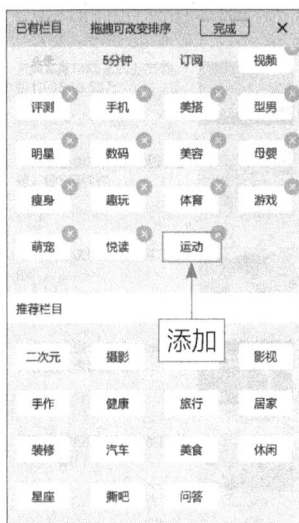

图 6-56　添加并查看"运动"相关内容

另外，在栏目编辑状态下，按住栏目并拖曳，即可调整栏目顺序，用户可以将常用的栏目调整到前面的位置，方便阅览其中的内容，如图 6-57 所示。

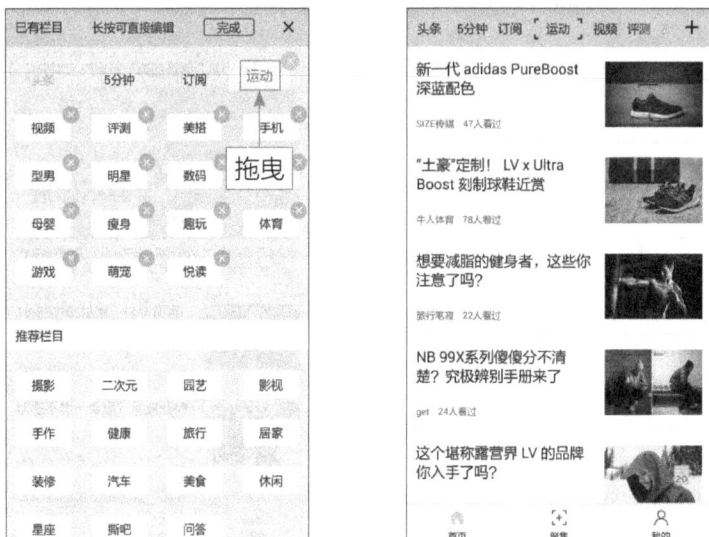

图 6-57　调整栏目标签的位置

6.3.3　聚焦热点脉络

在淘宝头条 APP 中，点击底部的"聚焦"按钮切换至该界面，这里列出了最新鲜的内容聚焦资讯，以及最火爆的内容聚焦专题，如图 6-58 所示。

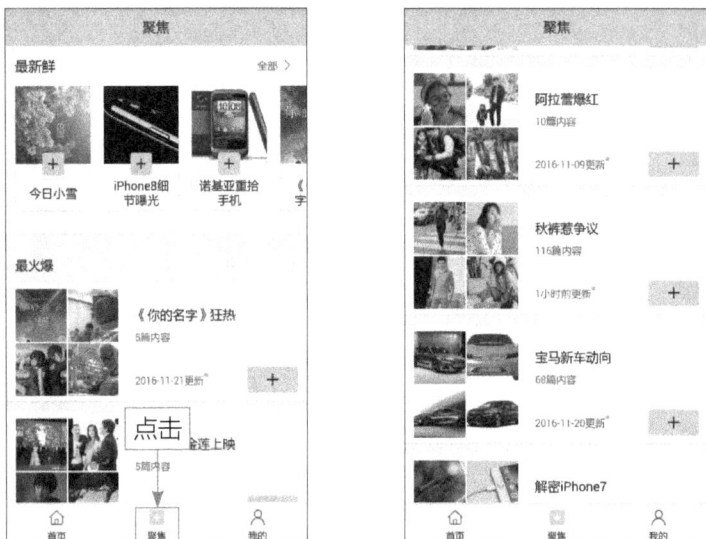

图 6-58　"聚焦"界面

点击相应内容专辑封面的"＋"号按钮，即可添加"我的聚焦"内容，如图 6-59
所示。

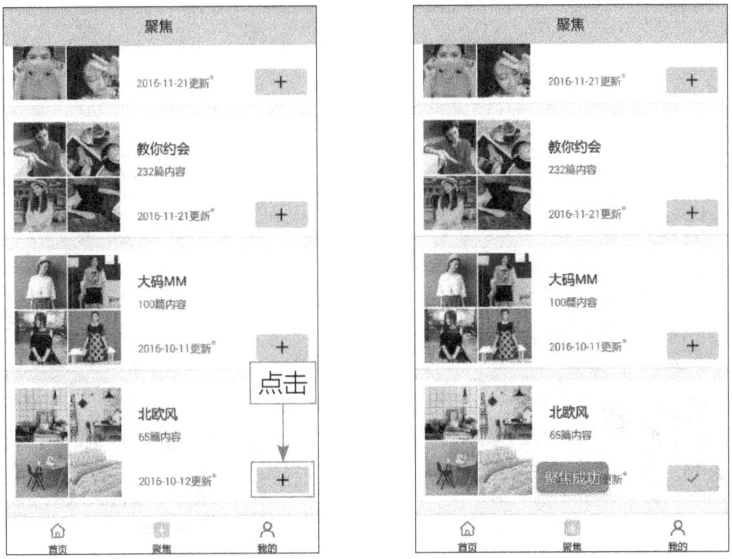

图 6-59 添加"我的聚焦"内容

点击相应的聚焦专题封面，即可进入聚焦专题的详情界面，查看其中的多篇内容，
如图 6-60 所示。通过聚焦专题的形式，可以帮助商家或用户提升阅读效率，尤其对
于商家来说，可以通过加入各种聚焦专题，增加内容的曝光量。

图 6-60 查看聚焦专题的详情内容

6.3.4 收藏与分享喜欢的内容

在内容详情页面，点击底部的五角星图标，即可收藏该内容，如图 6-61 所示。

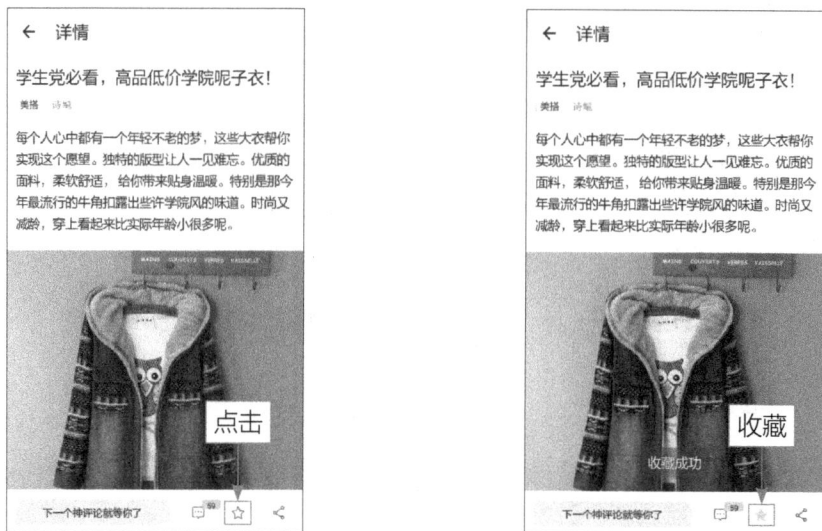

图 6-61　收藏内容

另外，商家也可以点击右下角的分享图标 $\lessdot$，如图 6-62 所示。在弹出的菜单中可以选择微信好友、朋友圈、QQ、复制等方式，分享到社交网络，如图 6-63 所示。

图 6-62　点击分享图标

图 6-63　选择分享渠道

例如，选择朋友圈后，设置相应的朋友圈动态选项，然后点击"发送"按钮，如

图6-64所示。执行操作后，即可将淘宝头条内容分享到微信朋友圈，如图6-65所示，商家可以鼓动微信好友点赞和帮忙转发。

图 6-64　点击"发送"按钮

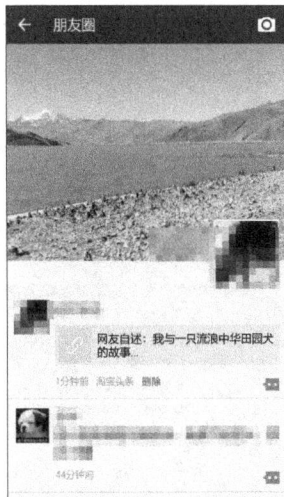

图 6-65　分享到微信朋友圈

6.3.5　淘宝头条的引流推广技巧

淘宝头条中的文章浏览量都比较大，大概在几万到几十万不等。虽然浏览量很大，但是评论的人数却较少，因此商家可以利用热门文章的评论来进行引流，其效果也是不错的。例如，"胖MM"这篇文章，其阅读量达到了18.5万，而评论数量却不到100条，如图6-66所示。

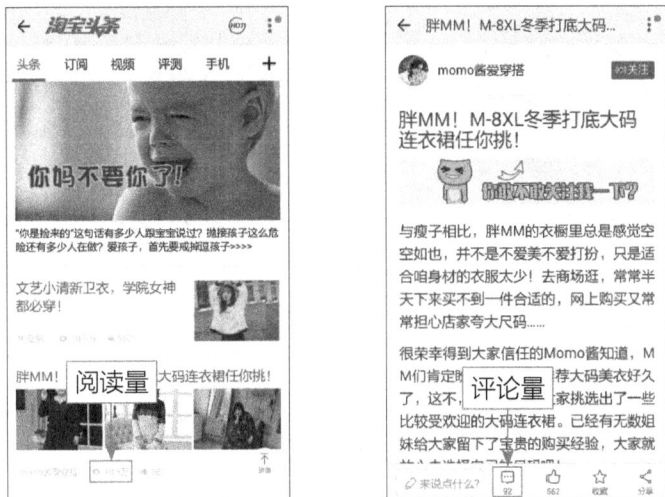

图 6-66　热门文章的评论量并不高

那么接下来就是评论引流了，找到同行业的热门文章，或者也可以在自己创作的文章中，点击左下角的"来说点什么？"按钮，进入"广播评论"界面，如图6-67所示。

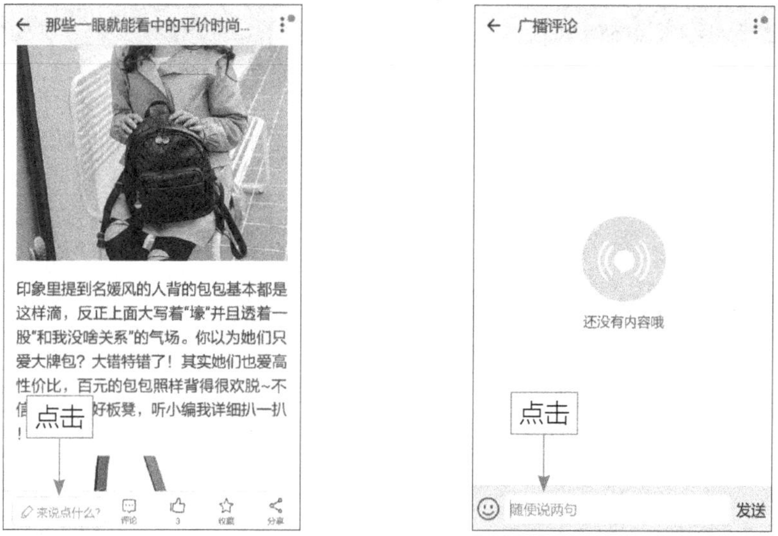

图6-67　点击相应按钮进入评论界面

点击"随便说两句"文本框，利用手机键盘输入相应的评论内容，点击"发送"按钮，如图6-68所示。执行操作后，即可发送评论，如图6-69所示。需要注意的是，不管什么平台对广告都是屏蔽的，因此商家在利用评论引流时不可在评论中直接附带链接，而需要利用软文的形式来进行评论。

图6-68　点击"发送"按钮

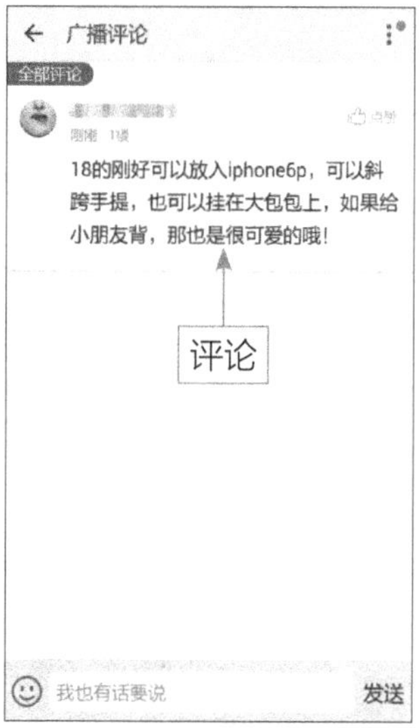

图6-69　发送评论

第7章

淘宝直播:
可边看边买，所见即所得

在互联网时代，对于内容创业者来说，如果选择电商变现的方式，则需要学会用互联网思维卖货的技巧。例如，淘宝直播就是一个以网红内容为主的社交电商平台，它将互联网思维融入电商平台中去，为明星、模特、红人等人物 IP 提供更快捷的内容变现方式。

学前提示

要点展示

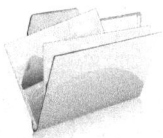

>>> 如何成为淘宝直播的主播
>>> 淘宝直播怎么玩
>>> 视频直播内容规范详解

7.1 如何成为淘宝直播的主播

淘宝直播的流量入口被放置在手机淘宝的主页下方，如图 7-1 所示，其中又包含了"热门""装扮"和"搭配"等推荐直播频道。

7.1.1 了解淘宝直播平台

2016 年 5 月 12 日，手机淘宝正式推出内容电商直播平台——淘宝直播。淘宝直播的内容定位为"消费类直播"。

淘宝直播是手机淘宝借用当红的直播模式，重点打造的一个内容电商平台，虽然推出的时间不长，但其传播速度、影响范围和销售数据都十分惊人，这一点很好地继承了其他直播平台的属性。

例如，由聚划算推出的柳岩直播，仅仅用了 10 分钟时间，就卖出了 2 万件核桃、4500 件柠檬片、2000 多件面膜和太阳镜等商品，如图 7-2 所示。直播结束时，观看直播的人数已经接近 12 万。

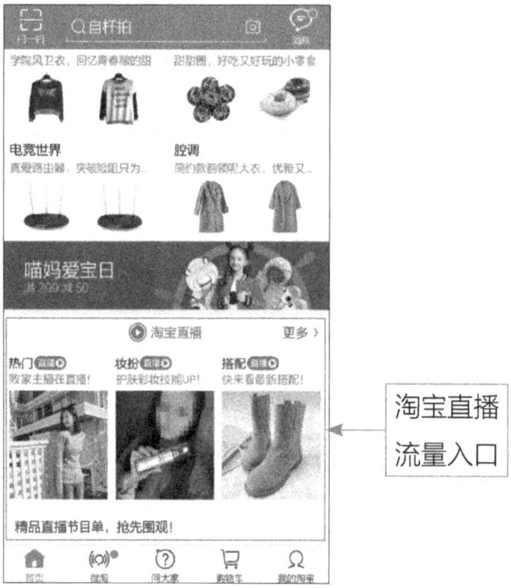

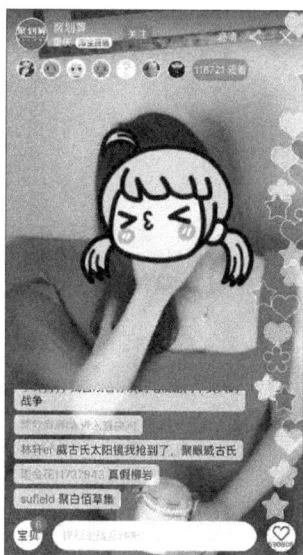

图 7-1　淘宝直播的流量入口

图 7-2　柳岩直播

除了明星效应外，2016 年 5 月 30 日，农村淘宝"村红"（村里的网红）也正式入驻淘宝直播平台，通过视频直播的内容形式，将淘宝网上的消费者带入到田间地头，如图 7-3 所示，将农产品的采集过程展现在消费者的手机屏幕上，带来身临其境的山村"赶集"消费场景，消费者可以通过手机淘宝边看边下单购买。

图 7-3　农村淘宝"村红"在农村进行实地直播

据悉，"村红"直播间的峰值人气突破 10 万人，其中土鸡蛋更是在 30 秒内卖出 4 万个。由此可见，不管是明星还是"草根"红人，视频直播都可以带来无限的购物潜力。

通过这些淘宝直播案例，我们可以看到，不管是明星、网红、商家，还是淘宝平台本身，都在推广这个直播。那它这么火的根据在哪？它又和其他的直播有什么不同呢？

首先淘宝作为中国最大的购物平台，每天 3 亿人的浏览量，这里不缺少观众；这里累积了几百万种商品，不缺少产品；这里每天有大量的消费者，也不缺少变现的人流量。

其次，各种平台直播的崛起，把本来就在下滑的淘宝流量又做了一个剥夺。如果说京东、唯品会这些电商平台的分流，还是流量在电商平台之间流动，而直播平台，则直接把观众粉丝化了，如果他们把粉丝直接变现，那么网红就不会在淘宝上开店了。

最后是因为商家的困顿。作为一直以货为媒和消费者交流的商家，遇到了消费者不再单一的追求性价比，产品产能过剩，商家没有去维护这些消费者，大多数的商家每天都要靠新的流量来支撑销量。而淘宝作为一个提供流量的池子，压力越来越大。

这些种种原因都表明，淘宝、商家还有消费者都需要一个来更加紧密联系的桥梁，这就是淘宝达人、淘宝直播。

淘宝的布局其实是很早的，在 2014 年，淘宝已经在做内容方面的尝试了，2015 年又经过 N 多次的变革，在 2016 年才推出，但是从内容为导向还是慢了一步，从文字、新闻到资讯，淘宝头条创下了一条帖子 100 万流量的神话，与此同时它也逐渐感受到，媒介基因的缺失，只能靠导流带来的尴尬，并没能给商家带来很大的改变。

直播成为另一个强大入口，随即，在 2016 年 5 月淘宝首页的达人淘改版为淘宝直播，进入一个直播的时代。

面对这个汹涌的时代，作为商家应该如何去面对？是坐以待毙，每天看看淘宝的传统玩法变局，自己束手无策；还是横冲直撞，胡乱追寻？

其实，从淘宝的布局我们已经看到了，这次的变革，淘宝是慎重选择的，它也给很多商家提供了一条清晰的路线，只是很多商家还在以往的电商思维中没有发现而已。

首先，淘宝对很多大卖家很早就单独邀约或者大卖家通过自己的渠道，已经知道了他们的角色，他们自己做达人和达人合作，两步走。大卖家通过手上的人力财力，很快地建立了自己的新媒体营销团队；并且在直播上也已经开始与女主播签约，快速布局，然后大量组织人员，开始寻求与做得好的达人团队合作。两步走，两边都抓牢。

其次，是中型卖家。在 2016 年 3 月开始的各种商家大会上，邀请了大量的商家开会，讲解粉丝的重要性，讲解如何做内容，大部分中型卖家，认识到了这个好处，也知道了它的重要性。但是，因为一些传统的惯性思维和人力财力，他们更偏向和达人合作，所以中型卖家这个群体在达人合作上不遗余力，也作为一种试水的机制，在紧锣密鼓地实行着。

最后，作为淘宝基数最大的小卖家，由于产品单一，财力有限，他们一般很少会被达人看中，而又难大规模组建团队。从 2016 年 3 月店铺号开放达人，和逍遥子讲店铺就是最好的内容产出者（如图 7-4 所示）时就看出，其实作为底层的卖家，一直以来，在淘宝中贡献了大量的时间和产品的基数，但是未能因为大规模的广告投入，而获得大量的流量，这次的内容营销他们正好可以作为一个内容产出者，在淘宝中获得自己的流量入口，同时也为一些中大型商家提供流量。另一方面，作为小卖家，除了拥有为数不多的产品，他们一般都是全职经营的个人，拥有大量业余的时间，还有灵活多变的操作空间。不管是文章文字，还是直播视频，相信这些内容对于他们来说都是可以很容易上手操作的。

图 7-4　逍遥子主张"内容为王，粉丝经济"的电商策略

这样的完美布局，满足了不同层级的商家的需求，同时也解决了淘宝流量下滑引起的商家内部矛盾，笔者认为这个很符合淘宝现在的发展需要，而作为商家应该清楚地认识到自己的位置，做好这方面的工作。

内容时代以来，我们只有拥抱变化，才能开创变化。现在所有的淘宝运营者应该去学习一下内容营销的知识，因为你会发现，你所在的是和以前已经完全不同的淘宝时代：现在的引流方式和流量接入口已经完全不同，搜索、直通车、钻展已经不再是淘宝的最大的流量入口，而人文导向和推荐流量的个性化，已经成为消费者的多数路径。

每一个商家都应该看到自己所属的层级与位置，在这个内容时代，迅速布局，才能不会被马上淘汰。

7.1.2　如何申请淘宝直播

想要成为淘宝直播的主播，首先要申请成为淘宝达人，就是加 V 认证。前面介绍了电脑端的操作方法，下面介绍手机淘宝端的具体操作方法。

（1）进入"淘宝直播"主界面，点击右上角的菜单按钮 ⋮ ，如图 7-5 所示。

（2）在弹出的功能菜单中选择"个人主页"选项，如图 7-6 所示。

图 7-5　点击菜单按钮

图 7-6　选择"个人主页"选项

（3）进入"达人主页"界面，点击右下角的＋号按钮，如图 7-7 所示。

（4）进入"入驻达人主页"界面，设置相应的头像、达人昵称、真实姓名、联系方式、账号简介后，点击"确认入驻"按钮，如图 7-8 所示。

图 7-7　点击＋号按钮

图 7-8　点击"确认入驻"按钮

（5）申请审核通过之后就可以进行淘宝直播了。不过，用户还需要设置一个宝贝分享，如图 7-9 所示。发布完成后在后台点击申请"淘宝直播"权限即可（发送至少两个视频内容，经过淘宝审核之后，才能开通"视频直播"权限）。

（6）在"达人主页"点击"发布"按钮，选择"直播"选项，设置直播名称、封面图、所在地，如图 7-10 所示，即可开始直播。

图 7-9　设置一个宝贝分享

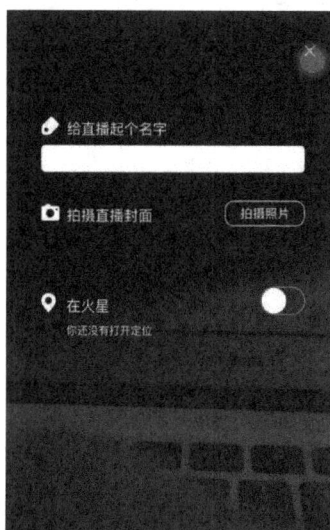

图 7-10　设置直播选项

成为达人后，用户可以在"达人主页"点击右上角的⊘图标，如图 7-11 所示。

执行操作后，即可进入"达人首页"界面，查看各行各业的淘宝达人发布的内容，如图 7-12 所示。

图 7-11　点击◙图标

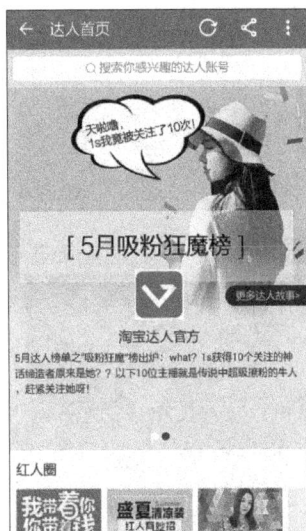

图 7-12　"达人首页"界面

点击淘宝直播栏目进入后，即可看到很多淘宝达人发布的图文内容，而且这些内容大部分都是达人们原创的，图片也是其通过亲身体验后拍摄的。在淘宝直播中，大部分淘宝达人的真实身份其实是淘女郎、美妆达人、时尚博主、签约模特等，同时他们的头像下方还会显示一个大 V 的标识，如图 7-13 所示。

只有升级为大 V 的淘宝达人才能在淘宝直播平台发布商品，而且模特图片必须是真人实拍。

图 7-13　淘宝直播中的淘宝达人

在"达人主页"界面中，可以点击"关注"按钮，关注喜欢的淘宝达人，如图 7-14 所示。关注淘宝达人后，用户还可以在"微淘"界面中，实时查看达人们的最新动态信息，如图 7-15 所示。

图 7-14　点击"关注"按钮　　　　　图 7-15　"微淘"界面

当然，并不是任何人都可以申请成为淘宝直播的主播，还需要具备一些申请条件，如图 7-16 所示，这样才能增加成功的概率。

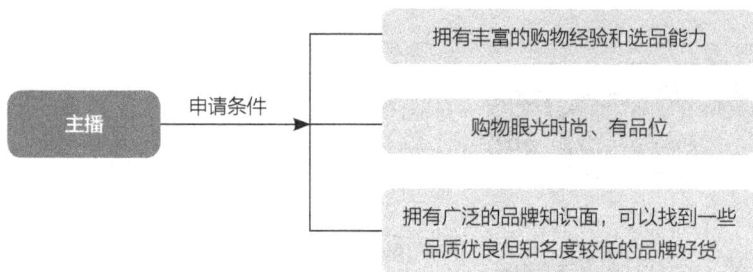

图 7-16　淘宝直播中的主播申请条件

7.1.3　直播的内容有什么要求和限制

当商家成功获取淘宝直播的权限后，一定要了解和注意淘宝直播的具体内容要求。淘宝直播对于内容的筛选和管控非常严格，如图 7-17 所示，所有主播和用户的行为和言语都必须遵守这些要求。对于违反要求的主播来说，淘宝会根据其情节严重程度给予以 7 天、30 天或者永久禁言或封号处理。

内容具体要求：

1. 严禁发表反党反政府的言论、侮辱诋毁党和国家的行为；

2. 严禁直接或者间接传播涉黄、涉暴、涉毒等语言或者任何疑似行为；

3. 严禁通过任何方式展示枪支、管制刀具等；

4. 严禁以任何形式宣导微信号，包括在直播、视频内容以及评论内容里；

5. 严禁直播过程中吸烟、喝酒或展示暴力等内容，严禁使用羞辱性、歧视性的语言；

6. 严禁未成年人发起直播；

7. 严禁进行各类恶意广告宣传、恶意广告发布等行为，或者评论里发布广告。

图 7-17　淘宝直播的具体内容要求

7.1.4　淘宝直播这么火，商家如何做

在淘宝直播平台中，发布较多的基本上都是美妆、潮搭、母婴、美食、旅游类产品以及相关的内容形式，如图 7-18 所示。从产品的左下角的关注数据可以看出，这些产品都是互联网中比较受欢迎的类型。

图 7-18　淘宝直播中的主要产品类型

每到一些购物节日期间，淘宝都会开一个直播专题，同时邀请一些明星和网络红人来加盟直播。图 7-19 所示为双 11 淘宝嘉年华直播专题页面，此时商家可以借此机会宣传自己的店铺新品，从而获得流量。

图 7-19　双 11 淘宝嘉年华直播专题页面

　　商家如果有合适的产品也可以联系淘宝达人来协助宣传，让他们来为店铺引流。在"达人首页"下方，列出了最新入驻的达人名单，以及各行业的达人精选，如图 7-20 所示。

图 7-20　达人精选

　　例如，可以通过"达人故事"页面，查看达人们的从业经历和相关技能，然后选择一个适合自己产品的达人，如图 7-21 所示。

图 7-21　达人故事

当然，对于那些没有开店只是帮助商家推荐商品的淘宝达人而言，也可以从商家处获得佣金收入。在这种互联网电商模式下，直播视频内容充当了流量入口，为商家或自己的店铺提供推广渠道。

这种用互联网思维卖货的内容电商模式，可以更加精准地把握客户需求，流量成本更低、转化率更高，具有更多的变现优势，如图 7-22 所示。

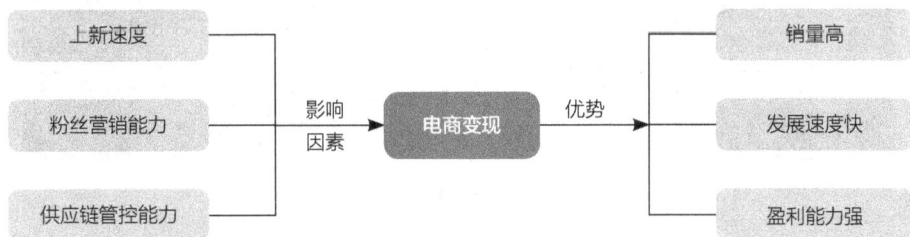

图 7-22　电商变现的影响因素与优势

7.2　淘宝直播怎么玩

手机淘宝中的淘宝直播带来了全新的消费直播热潮，同时对于互联网中的网红明星来说，又多了一个全新的变现渠道；而对于淘宝网上成千上万的商家来说，可以更好地将直播内容转化为消费者的电商行为，从而增加店铺销量；对于消费者来说，淘宝直播让他们摆脱了简单的文字、图片等形式，可以通过视频直播更加直接地了解商品特点，可以选到更适合自己的商品。

因此，不管对哪方来说，淘宝直播的推出都是有利的。而淘宝官方也表示，未来会进一步丰富和优化直播内容。那么，作为淘宝直播最上游的商家来说，入驻直播平台成为了他们必须进行的工作，但怎么才能玩好淘宝直播这个新平台，还值得大家去探讨和实践。本节将介绍一些玩转淘宝直播的相关技巧，希望可以给商家带来一些经验和提示。

7.2.1 直播时推荐相关商品

当商家或主播开通淘宝直播权限后，即可在直播过程中添加相关的商品，或者给观众推荐商品，如图 7-23 所示。

在直播中充当模特，全方位展示商品

添加推荐商品的购买链接，方便消费者快速下单购买

图 7-23　直播时推荐相关商品

7.2.2 引导观看者关注自己

主播可以利用直播提升粉丝的关注量，当然也要善于在直播过程引导观看者去关注自己，大部分主播都会做这项工作。

淘宝直播的关注操作如下所示。

（1）进入主播的直播界面后，在顶部的主播头像右侧可以看到一个"关注"按钮，主播可以在有意无意中提醒观众单击该按钮，如图 7-24 所示。

（2）执行操作后，"关注"按钮消失，即可完成关注，如图 7-25 所示。

图 7-24　点击"关注"按钮

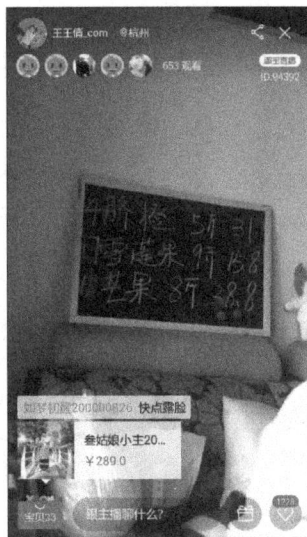

图 7-25　完成关注

（3）关注后，进入"微淘"主页，点击右上角的 ♀ 图标，如图 7-26 所示。

（4）执行操作后，进入"店铺"页面，这里显示了用户所关注的所有店铺，如图 7-27 所示。

图 7-26　"微淘"主页

图 7-27　"店铺"页面

（5）点击"达人"标签切换至其页面，可以看到所有关注的淘宝达人账号，如图 7-28 所示。

（6）点击刚才关注的达人昵称进入其详情页面，在账号区中显示了"已关注"的提示，在下方也可点击查看达人的往期视频，进行二次传播，如图 7-29 所示。

图 7-28　"达人"页面

图 7-29　达人详情页面

7.2.3　通过直播界面激活商品列表

在"掌柜播"界面中，还能够看到店主做达人推广自己家商品的视频内容，点击"宝贝"按钮即可激活商品列表，查看他们出售的商品，如图 7-30 所示。

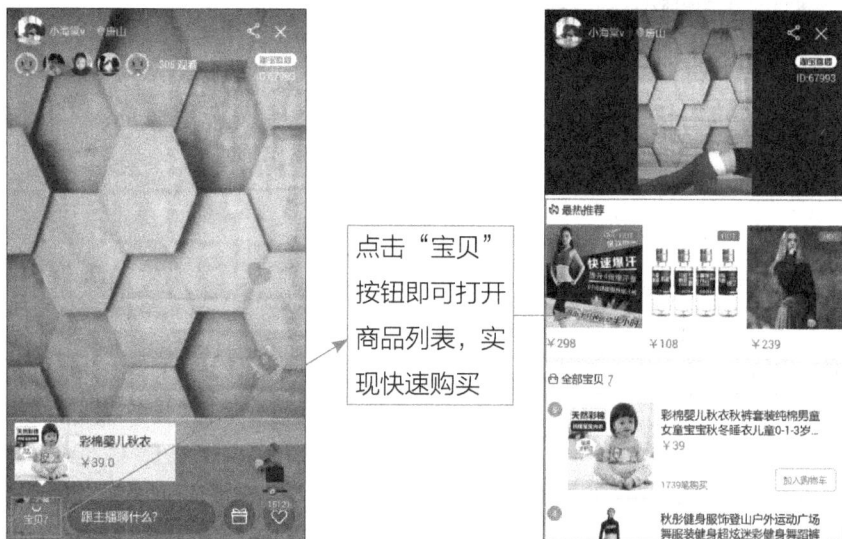

图 7-30　通过直播界面激活商品列表

7.2.4　淘宝直播室的相关设置

开始直播后，也可以点击设置按钮，调整手电筒、美颜以及前置后置摄像头，如图 7-31 所示。

在直播节目底部，从左至右的操作分别为：

＋：点击该按钮可以添加商品链接，推荐给粉丝们。

宝贝：点击该按钮可以查看已经添加过的商品链接。

📷：点击该按钮可以打开手机手电筒进行补光。

📷：摄像头的前置和后置的调节。

❋：开启美颜功能。

♡：点击该按钮可以查看实时点赞数据。

图 7-31　淘宝直播室的相关设置

7.2.5　阿里多媒体中心发起直播秀

进入阿里多媒体中心，在左侧导航栏中点击"发布线上互动直播与预告"按钮，如图 7-32 所示。

图 7-32　点击"发布线上互动直播与预告"按钮

有直播权限的商家可以选择发布会、直播秀等直播类型，填写相关直播信息，即可开始直播。主播可以通过直播后的控制台，发送文字与图片与消费者互动。直播效果如图 7-33 所示。

图 7-33　PC 端直播秀效果

7.3　视频直播内容规范详解

在运营淘宝直播的过程中，一定要注意视频直播的内容规范要求，切不可逾越雷池，以免辛苦经营的账号被封。

另外，在打造内容、产品或相关服务时，商家首先要切记遵守相关法律法规，只有合法的内容才能被承认，才可以在互联网中快速传播。

7.3.1　淘宝直播视频内容规范

淘宝直播的视频内容规范如下所示。

1. 视频时长

最长不要超过 5 分钟（视频大小要控制在 1000M 以内）。

2. 内容要求

（1）淘宝直播目前开放的内容方向：服饰、美妆、母婴、运动户外、美食、数码、教育等。需要注意的是，以下内容不能出现在视频中，如图 7-34 所示。

（2）淘宝直播的标题规范：标题最多可以输入 22 个字，必须清晰地表达视频的主题，可以采用简单的分享字样，或者注明是一个实用教程，如图 7-35 所示。

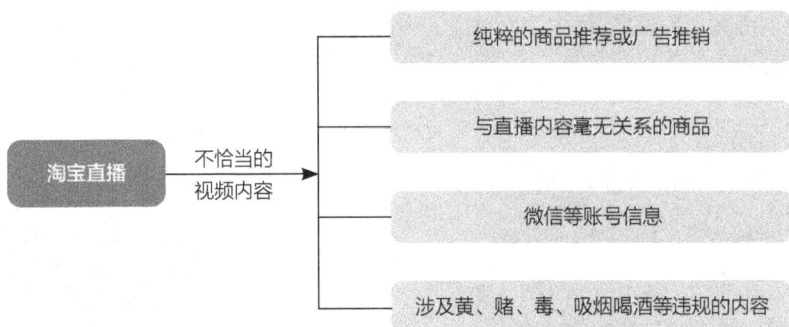

图 7-34　不能出现在视频中的内容

图 7-35　淘宝直播的标题案例

💡 专家提醒

　　淘宝直播的标题可以采用这样的模板：【视频利益点】＋【适合对象】＋【应用场景】＋【视频内容分类】，如"冬装＋少女＋晚会＋加厚显瘦"。

（3）封面图：

- 由于系统会自动将标题放置在封面图片上，因此商家不用再在图片上写其他文字内容，如图 7-36 所示。
- 图片内容只需能展现直播的主题即可，不能过于杂乱，但色彩应尽量鲜明，如图 7-37 所示。

- 封面图片的背景不宜过大，尤其注意不要使用白色背景，因为白色难以突出图片内容。

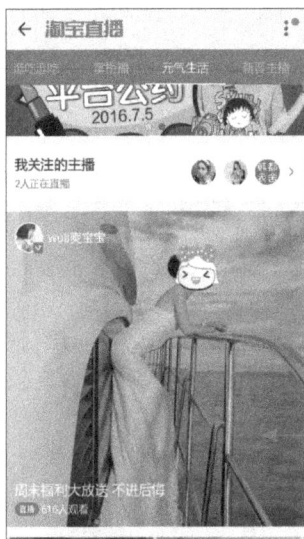

图 7-36　图片上不要写文字

图 7-37　图片内容要突出主题

色彩明亮突出主题

图片上尽量不要出现"牛皮癣"，而且两边不能留白

专家提醒

封面图的尺寸为 750×360。

- 少采用拼图，因为拼得不好的图片会大大降低图片的美观和点击率，如图 7-38 所示。

图 7-38　封面图片不要拼图

- 注意不同的内容要采用不同的封面图片，以免观众认为你一直在发同样的视频
  内容，如图 7-39 所示。

图 7-39　同一个达人账号下的封面图片尽量不重复

- 在达人页面的封面图片上，系统会自动在图片正中间添加一个播放按钮，因此商家
  应将模特或商品的位置把握好，尽量不要让播放按钮遮挡了主体，如图 7-40 所示。

图 7-40　不要让播放按钮遮挡主体

7.3.2　淘宝直播内容形式技巧

在淘宝直播上，对内容的取向也有一定的技巧，下面介绍一些热门的直播内容形

式，这对于商家来说有很大的借鉴作用。

（1）**服饰类：**主播可以将多种适合的服装、包包、鞋子等穿搭在身上，也可以介绍一些衣服的改造方法，或者告诉观众如何分辨衣物质量的好坏等，这些都是比较热门的直播内容，如图 7-41 所示。

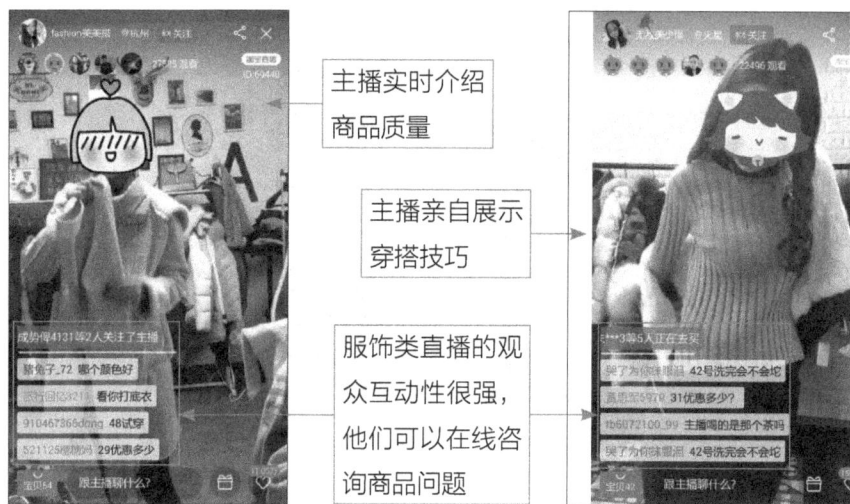

图 7-41　服饰类直播内容技巧

（2）**美妆类：**主播直播彩妆上妆过程，分享选择美妆的技巧或护肤的心得，并且在直播过程中增加一些娱乐性的话题或者互动，最后在通过美妆的前后对比来展示彩妆效果，如图 7-42 所示。

图 7-42　美妆类直播内容技巧

（3）**母婴类：** 主播可以在直播过程中分享育儿知识、选品经验以及和亲子互动等内容，当然主播最好是有过育儿经验的母亲，这样可以让小孩亲自展示商品特征，如图 7-43 所示。

育儿知识，可以植入商品

亲子互动，更直观地展示商品

图 7-43　母婴类直播内容技巧

（4）**美食类：** 如制作、寻觅、品尝美食的过程等都是不错的内容，但要注意画面应精美，而且时间不宜太长，并在内容突出相关商品，如图 7-44 所示。

主播在亲自品尝美食的同时，也会介绍商品

主播亲自展示美食的制作过程

图 7-44　美食类直播内容技巧

（5）**运动户外：** 如分享运动健身的技巧、健身器材的使用方法等，只需注意在直播过程中不能只出现某个单品，如图 7-45 所示。

图 7-45　运动户外直播内容技巧

（6）**数码：**可以是数码产品的测评或者新品发布会等直播内容，在内容中嵌入相关的商品链接即可。

> **专家提醒**
>
> 目前，淘宝直播上的数码类内容还不多，但随着各种数码产品推陈出新，数码类内容的直播必将成为新的潮流趋势，这一点是不可置否的，因此淘宝商家应该抓住这种新的内容电商机会。图 7-46 所示为 Apple Watch 的上手体验测评视频。
>
>
>
> 图 7-46　Apple Watch 的上手体验测评视频

不管是何种内容形式，商家和主播都应记住一点，在内容中植入商品，提升商品销量，是内容电商也是淘宝直播的主要目标。

7.3.3　直播视频内容标签规范

　　商家可以在直播视频内容中添加相应的标签，产生二次传播的营销效果。不过，每个直播内容只可以使用一个标签，重复打标签可能会被系统屏蔽。因此，商家一定要把握住这个标签机会，选择一个最合适、曝光度最高的标签。如表 7-1 所示，介绍了一些常用的直播视频内容标签。

表 7-1　直播视频内容标签规范

内容方向	对应可选择的标签	标签说明
母婴类直播	母婴	/
	可爱宝贝	萌宝相关
美食类直播	以吃会友	介绍美食、零食类
	美食	/
	爱下厨房	食物的制作过程
潮搭类直播	潮流前线	户外街景的直播或者类似时装周搭配
	搭配	服饰搭配造型类
	穿衣榜样	服饰搭配类
运动健身类直播	运动健身	室内运动、健身类
	运动	/
	户外直播	户外运动
秀场类直播	新晋主播	新入驻的主播
	个人秀场	没有什么主题的生活秀，比如直播看书、喝咖啡等生活闲事
	就爱唠嗑	无主题主播，内容基本上就是聊天
	搞笑	幽默搞笑类直播
美妆类直播	速度上妆	美妆视频教程类
	时尚制造	美妆、美发
	护肤有道	护肤类教程
	美妆	美妆视频教程类
全球购直播	玩转全球	国外的各种人文景观介绍类
音乐直播	音乐时刻	音乐类相关的内容
动漫	二次元	动漫

191

第 8 章

有好货:
千人千面的流量展示新平台

学前提示

淘宝有好货的展示流量是千人千面的,也就是说不同消费者可以看到不同的内容,商家可以获得更加精准的引流效果。

有好货更适合那些小而美的商品展示,同时也是商家新品引流和老品维护的重要平台。

要点展示

>>> 淘宝有好货的优势分析

>>> 有好货的报名规则

>>> 有好货的基本商品属性

>>> 轻松玩转淘宝有好货

8.1　淘宝有好货的优势分析

有好货和淘宝直播最大的区别在于，它对于达人的依赖性并不强，达人只是产品进入有好货平台的入口，而它的流量主要来自于淘宝网首页、手机淘宝首页以及系统消息的推荐，由此可见有好货平台本身就具备了独特的优势。

8.1.1　位置较佳

有好货的位置非常不错，在手机淘宝端，有好货位于淘宝头条和直播入口的下方，淘抢购的右侧，地理优势明显要好于必买清单。

有好货的流量入口在"淘宝头条"下方，如图 8-1 所示。点击进入后即可看到精选、百科、种草、海淘、我说好等栏目，如图 8-2 所示。

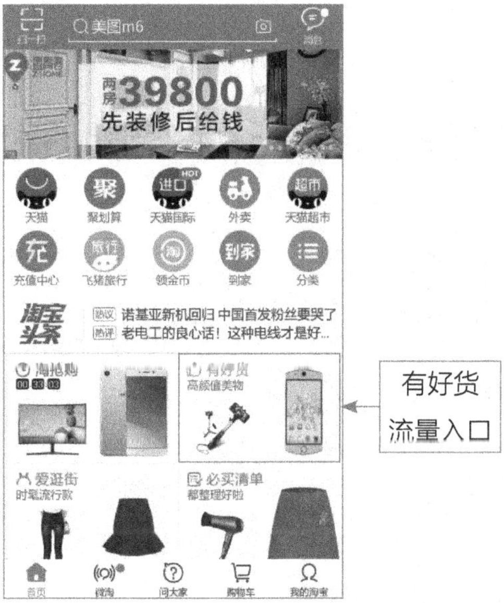

图 8-1　有好货流量入口

图 8-2　有好货主界面

8.1.2　单品展示

再者，有好货主要为单品展示，商家可以运用专业的文案，并搭配白底或者实景的产品图片，即可吸引用户从而获得精准的点击率，如图 8-3 所示。

对于那些优质产品，淘宝都会根据好评率、销量等商品和店铺数据来推荐这些产品，扶持有潜力的单品，为其带来更多的流量。

图 8-3　有好货主要为单品展示

8.1.3　展示面积大

　　另外，在淘宝的电脑端页面中，有好货可以获得较大的展示面积，有利于商家为商品引流，如图 8-4 所示。

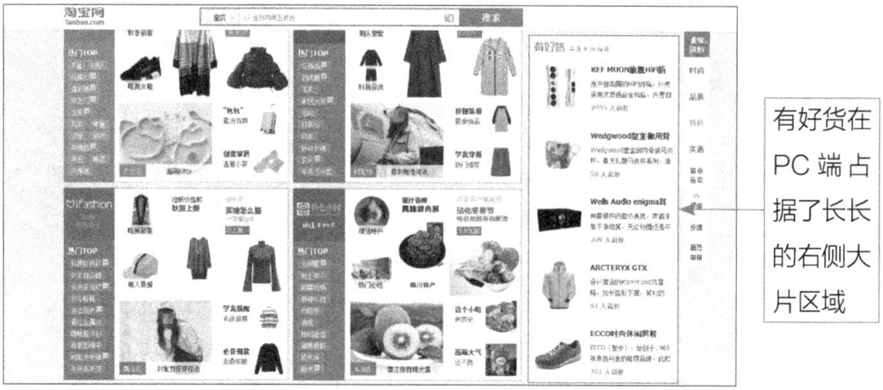

图 8-4　有好货的 PC 端展示区

8.2　有好货的报名规则

　　需要注意的是，有好货不是商品发布后就会一直保留在上面，系统每隔一段时间都会排除一些质量不佳的选品和图片。因此，在入驻有好货平台前，商家必须先了解其报名规则。

8.2.1　产品定位以精致为主

　　有好货的商品定位也比较简单，并不追求爆款，而目标人选主要是那些追求生活品质的消费者，为他们推荐一些平常难以注意到的精品。如图 8-5 所示，这个 5D 磁悬浮蓝牙音箱，不但设计上简单大气，而且也有比较实用的免提通话功能，符合有好货的产品定位。

图 8-5　有好货的商品必须精致

8.2.2　产品的质量要有保障

商家发布到有好货平台上的商品必须提供质量保障（如商品如实描述、七天无理由退换货、假一赔三、闪电发货、数码与家电 30 天维修、正品保障等），如图 8-6 所示，不能产生售后问题。

图 8-6　有好货的商品质量需要得到保障

> 💡 **专家提醒**
>
> 　　对于消费者来说，网购最大的顾忌就是信任问题，害怕买到伪劣产品。因此，商家必须拿出自己最大的诚意，让消费者看到：我能给你担保，买我的东西你绝对能放心。
>
> 　　例如，同一个商品，在淘宝 C 店上的价格是 100 元，而全球购上也卖 100 元，价格虽然一样，但其背后的消费者保障服务却有很大的差别，如果淘宝 C 店的保证金是 1000 元，而全球购的保证金是 10 万元，那么消费者肯定会选择在能给他带来最大保障的店铺购买。

8.2.3　商品图片的基本要求

　　在有好货平台上，商品的图片展示很重要，基本要求如图 8-7 所示。

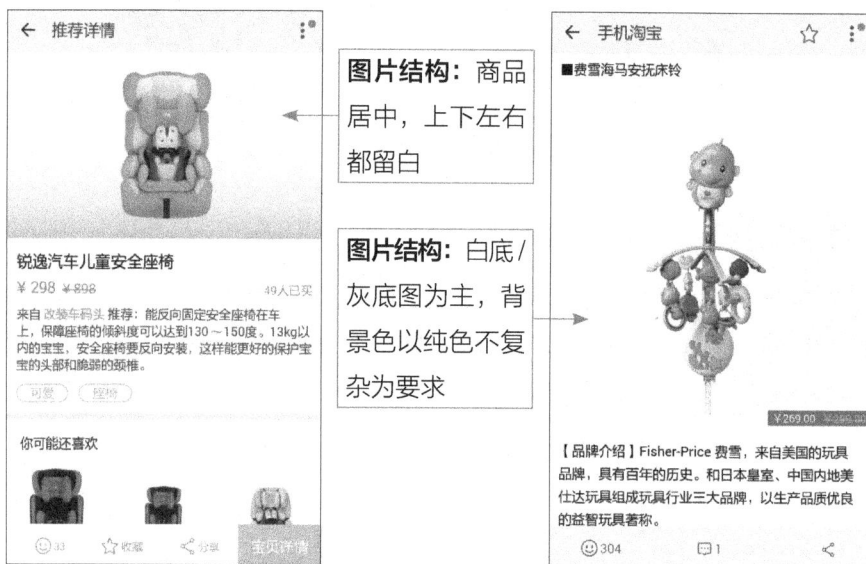

图 8-7　有好货的商品图片展示

　　对于淘宝等电商平台来说，消费者能看到最多的就是商品图片，因此商家一定要保证图片清晰真实，而且要有质感、无"牛皮癣"，当然最好还是自己亲自来拍摄图片内容，这样不但可以避免纠纷，还能突出真实感。

8.2.4　导购内容的范围要求

　　导购内容的范围要求主要包括单品推荐理由和产品介绍，以及使用方法、购物知识、使用心得、品牌故事和资讯等，如图 8-8 所示。

| 购物知识 | 品牌故事 |

图 8-8　有好货的商品导购内容

8.3　有好货的基本商品属性

对于电商企业来说，有好货为其带来了一个不错的内容流量入口，是提高商品销量的重要渠道，应该好好运用。

8.3.1　小众品牌

有好货平台上大部分都是小众品牌，而且商品的品质必须优良、有档次，是高端小众人群喜爱的商品，如图 8-9 所示。

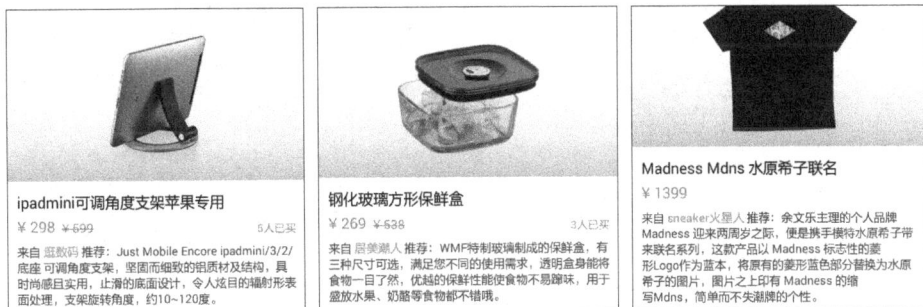

图 8-9　小众品牌的商品

8.3.2　设计风格强

有好货平台上的商品设计必须有风格和特色，而且有自己的质感。如图 8-10 所示，这款多用途小圆毯采用了别出心裁的圆形设计和眼部镂空的面具图案。

图 8-10　设计风格强的产品

8.3.3　创意感强

有好货平台上的商品在外观、使用功能等方面，必须有突出的创新性和创意感，如图 8-11 所示。

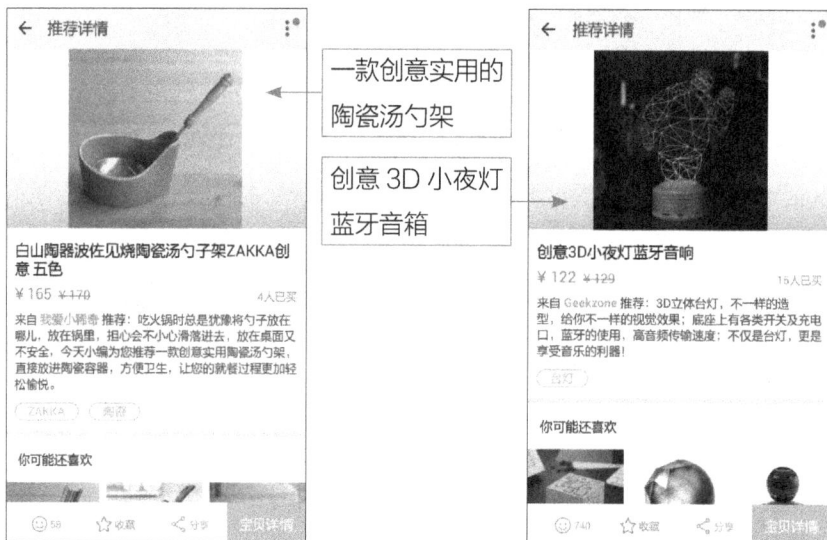

图 8-11　创意感强的商品案例

8.3.4　大品牌、奢侈品的限量款

有好货的商品通常是比较稀缺的类型，具有一定的收藏价值，也有一些是大品牌

或者奢侈品牌推出的限量款，如图 8-12 所示。

图 8-12　大品牌、奢侈品的限量款

8.3.5　海淘商品

商家可以从国外找一些口碑好、品质好、个性强且在国内比较少见的品牌或者商品，如图 8-13 所示。

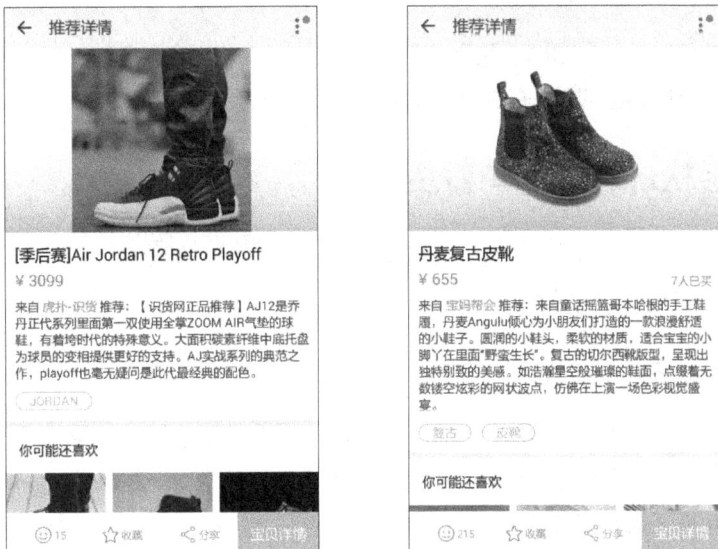

图 8-13　海淘商品是有好货的不错选择

8.3.6　不符合调性要求的商品类型

另外，商家还需要注意以下类型商品不符合有好货的调性要求。

- 经常出现在各大促销平台中的品牌及商品。
- 在线下非常热门的品牌及款式。
- 有好货平台上不能出现高仿、明星同款、大牌仿款、山寨货等类型的商品，即商品外观、名称不能与大牌类似或雷同，如图8-14所示。
- 假货商品不能发布在有好货平台上。
- 普通网络红人款商品，如图8-15所示。

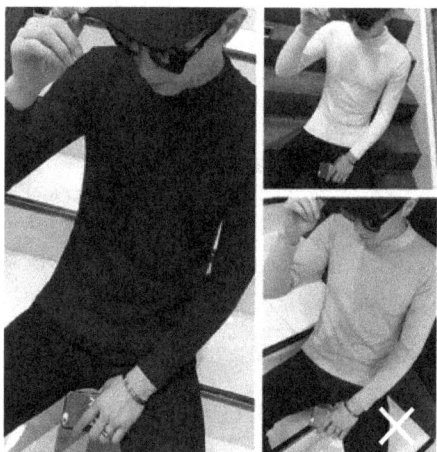

图8-14　明星同款不能出现在有好货平台上　图8-15　不要在有好货平台中发布普通网络红人款商品

- 价格低廉，外观粗糙，品质感差的商品。
- 品牌比较集中或单一的商品，如奶粉、尿不湿等。

8.4　轻松玩转淘宝有好货

前面简单地介绍了一些有好货的优势、报名规则和商品属性，下面具体介绍下如何提升商品在有好货上的曝光率。

8.4.1　封面图布局设计

有好货的封面图片一般为尺寸不小于500×500的正方形，推荐尺寸为1080×1080。另外，有好货的封面图片内容布局设计还需要满足以下要求。

- 一致性：封面图片中出现的商品要和标题、推荐理由以及宝贝详情页面中出售的商品完全一致，如图8-16所示。

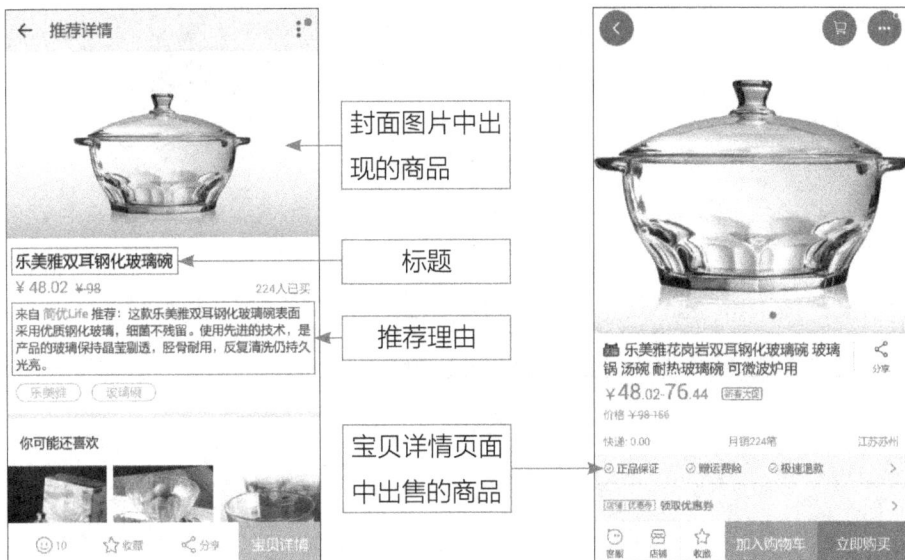

图 8-16　封面图片的一致性

- **背景要求**：封面图片的背景要干净整洁，可以采用白色背景或者场景图，同时应突出主体，在构图上要尽量完整饱满，以及有较高的清晰度。图 8-17 所示为采用场景图拍摄的封面图片。

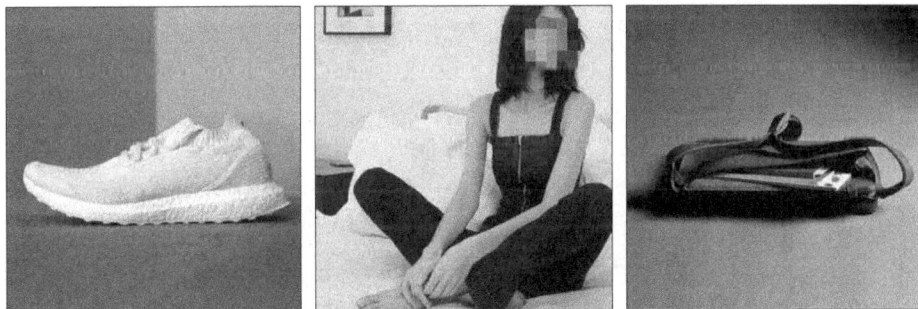

图 8-17　场景图

- 无"牛皮癣"：封面图片上不能出现水印、Logo 以及其他多余文字，最好不要用拼接的图片。
- 数量与颜色：除了套装类商品外，一般单张封面图片上只能出现一个商品主体，而且对于有多种颜色的商品也只能挑选其中的一种颜色，如图 8-18 所示。
- 模特要求：对于需要使用模特照片的商品来说，通常只能出现一个模特人物，而且最好不要使用全身照片，如图 8-19 所示。注意：情侣装和亲子装不适用此要求。

图 8-18　数量要求　　　　　　　　图 8-19　模特要求

- 拍摄角度：在拍摄商品照片时，要选一个可以体现商品全貌、特点以及功能的最佳角度，最好能让用户一眼就看出这是什么商品。

8.4.2　店铺的基本要求

在有好货平台上发布商品，对于店铺有一些基本要求，如图 8-20 所示。

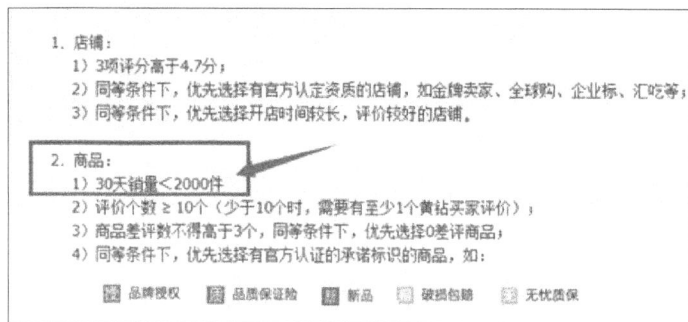

图 8-20　店铺的基本要求

8.4.3　有好货的文案规范

在有好货平台中，除了图片内容外，文字内容当然也不能少，不过有好货平台上的文案讲究的是精练，商家可以通过简短的语言来体现商品的卖点和优点，如图 8-21 所示。

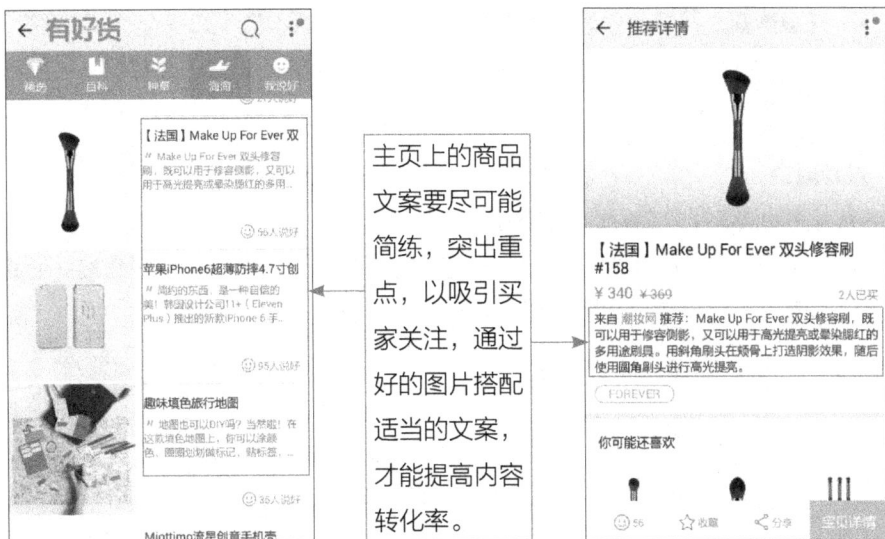

图 8-21　有好货的商品文案

1. 标题文案

有好货的标题文案要求如下所示。

内容要求：标题中可以包括品牌名称、商品产地以及品类名称，但一定要与实物商品完全一致，如图 8-22 所示。

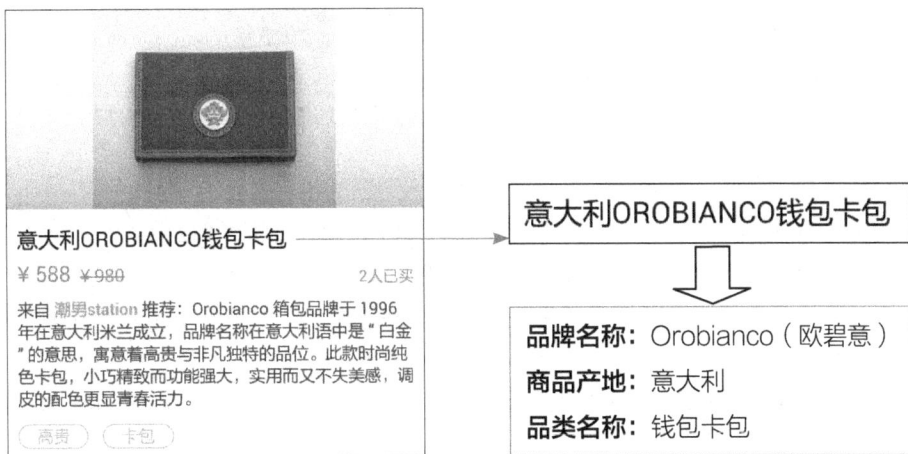

图 8-22　标题的文案内容

- 拒绝抄袭：切不可照抄商家在店铺中的原标题。
- 用词要求：在标题中使用形容词时，注意要控制在 3 个词以内。同时，标题中不能出现商品的货号、规格、重量，以及包邮、满减、清仓、特价等促销词汇。

- 注意数量：标题上最好不要出现商品的售卖数量字样，如 5 个、10 双等，避免商家的促销活动前后售卖 SKU（Stock Keeping Unit，库存量单位）有变化，对用户造成误导。

2. 推荐理由

有好货的推荐理由文案要求如下所示。

- 内容可包含：产地、年份、材质、功能、使用场景、用户评价等有推荐价值的信息，突出亮点，如图 8-23 所示。

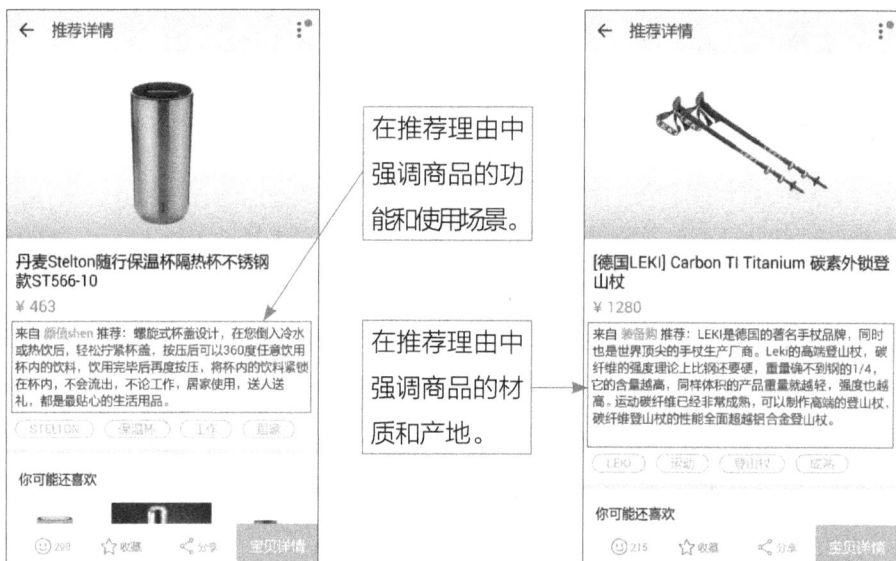

图 8-23　有好货的推荐理由文案

- 不能只堆砌"百搭"关键词，而无实际导购价值的文案。
- 不能出现带有时效类的信息，如：促销信息、包邮、买一送一等。
- 不能提交字数过少、无亮点、无价值的推荐文案。
- 可以提炼商家宝贝详情页的介绍，但不能直接抄袭。

8.4.4　手机淘宝首页入口图筛选标准

手机淘宝首页的有好货入口图片的筛选标准如下所示。

- 图片为纯白底，如图 8-24 所示。
- 主体完整、清晰、突出，四周有均匀的留白空间，如图 8-25 所示。
- 图片上只能出现单个商品：放多个商品，即使是相同款式，颜色、尺寸、规格有差异的，不予采纳，如图 8-26 所示。

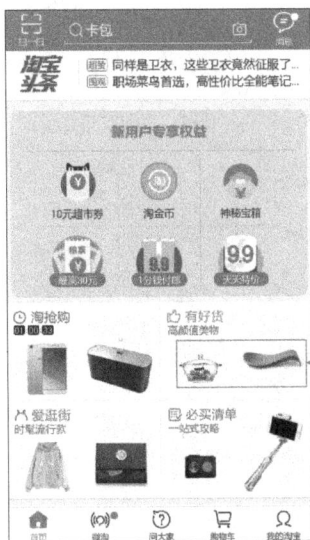

图 8-24　图片为纯白底

手机淘宝首页入口的有好货商品图片为纯白底。

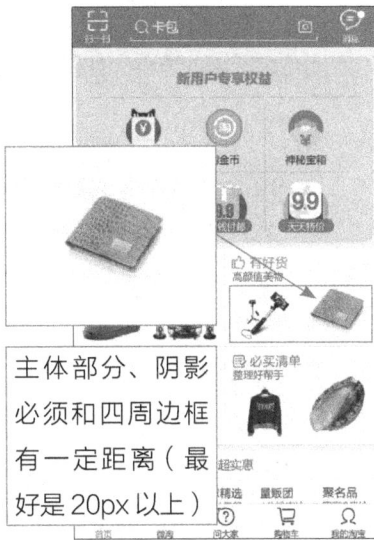

主体部分、阴影必须和四周边框有一定距离（最好是20px以上）

图 8-25　图片主体突出

- 图片商品必须呈摆放的样式：若出现人体任何部位（包括脸、手、腿、脚等）、动物，则不予采纳，如图 8-27 所示。

图 8-26　放多个商品的图片不予采纳

图 8-27　出现人体部位的图片不予采纳

- 其他不被采纳的情况：主体颜色太浅、缩小后几乎不清晰、主体不知为何物、商品过于普通、有多余的装饰物、图片不美观。

8.4.5　有好货"百科"内容的要求

在有好货的"百科"栏目中，集中了不少对用户有用的生活常识和技巧，同时商家可以通过图文内容巧妙地将商品融入其中，这样不但能快速吸引用户关注，还可以为商品带来不错的流量，如图 8-28 所示。

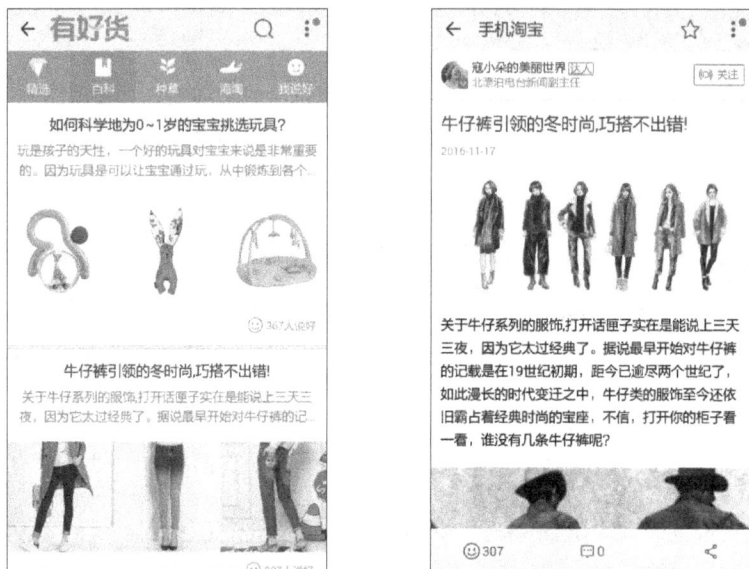

图 8-28　百科式的知识内容搭配恰到好处的商品推荐

1. "百科"内容介绍

有好货"百科"内容的基本特点如下所示。

- 从功能、特点、品牌、为啥贵、质量、优缺点等维度介绍商品，如图 8-29 所示。

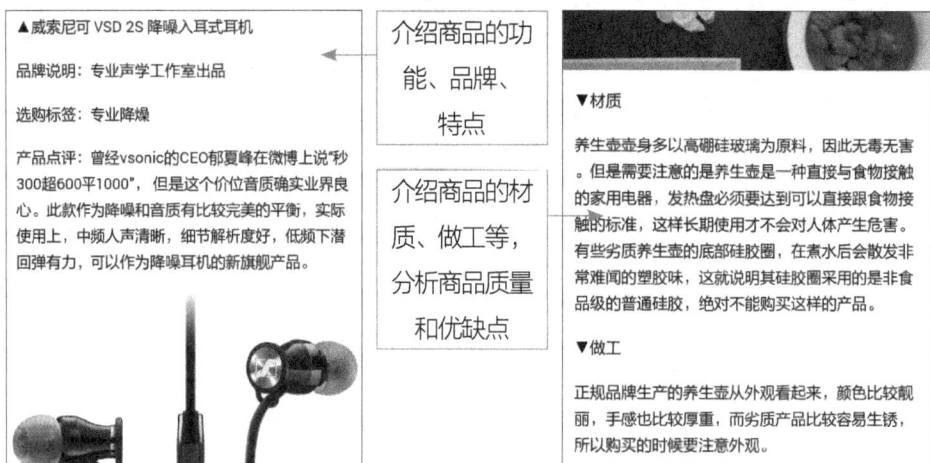

图 8-29　"百科"内容的创作方向

- 语言要做到客观，可阅读性强。

- "百科"内容必须按照淘宝官方所给予的模板发布。

2. "百科"内容要求

有好货"百科"的内容要求如下所示。

（1）**自拟主题：** 达人站长可根据自己对专业领域的动向，拟定主题；或者可以先与淘宝小二进行沟通，确认选题后，再做内容整合编辑。

（2）**小二命题：** 由运营小二出题，达人站长报名投稿。

（3）**标签要求：** 在上传内容时除了添加"新有好货"标签外，还需要对内容打分类标签，如图 8-30 所示。

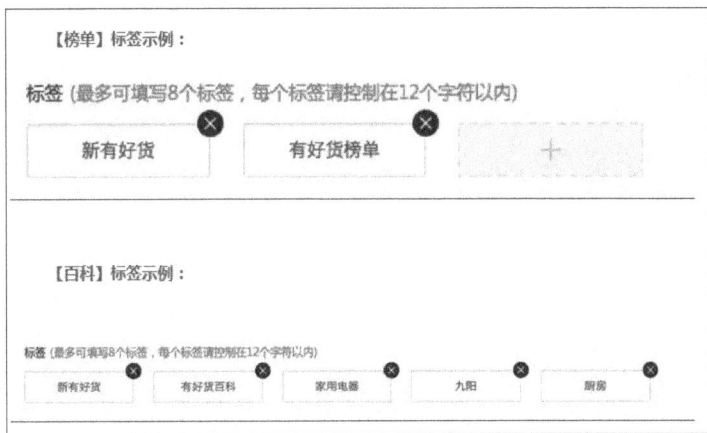

图 8-30　标签示例

（4）**标题和正文用词：** 必须按照《广告法》的要求，切勿为了效果，夸大其词。

8.4.6　寻找有好货达人合作引流

对于手机淘宝端，很多商家不以为然，认为这里的流量和转化率不如 PC 端，其实这是一种错误的观点。早在 2015 年"双十一"期间，天猫"双十一"全天的成交金额为 912.17 亿元，其中移动端的交易额占比达到了 68%，峰值时更是高达 90%，已经全面超越了 PC 端，成为淘宝的主要流量区域。

因此，商家一定要转变固有的思想，将手机淘宝的运营作为重点工作来进行。在手机淘宝端，同样也有很多不同类型的流量入口，如淘抢购、微淘、有好货等。在这些流量入口中，有好货平台主要是通过达人分享商品的方式来进行展示，当然流量也是非常大的，而且这些达人基本上都属于淘宝客。因此，商家可以寻找有好货达人与其合作引流，增加店铺销量。

下面介绍寻找有好货达人帮你做好手机端店铺推广的具体方法。

（1）在手机淘宝端，进入有好货频道，如图 8-31 所示。

（2）商家可以在列表中找到与自己类目一样的商家，点击进入"推荐详情"界面，如图 8-32 所示。

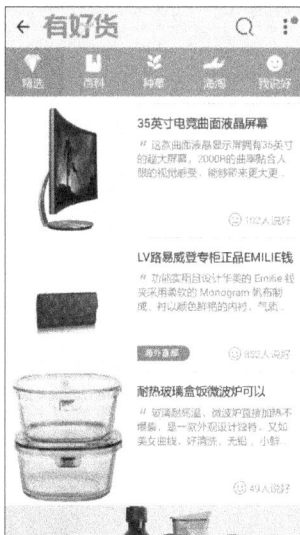

图 8-31　有好货频道

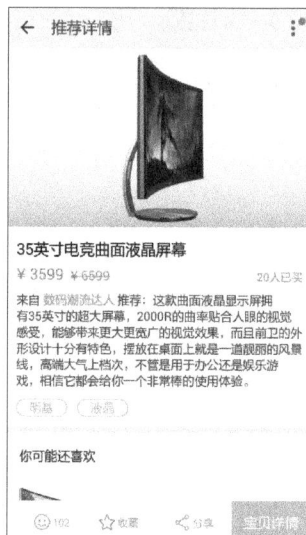

图 8-32　进入"推荐详情"界面

（3）在"推荐详情"界面中可以看到来自 ×× 的推荐，这个 ×× 就是达人小站的站名，点击即可进入推荐这个商品的达人主页，这里显示了他的必买清单、新有好货以及淘宝头条等创作内容，如图 8-33 所示。

图 8-33　达人主页

（4）在达人主页中点击右上角的 ⋮ 图标，在弹出的菜单中选择"私信"选项，如图 8-34 所示。

（5）执行操作后，即可进入聊天界面，然后商家就可以和达人开始商量淘宝客推广合作的事情，如图 8-35 所示。

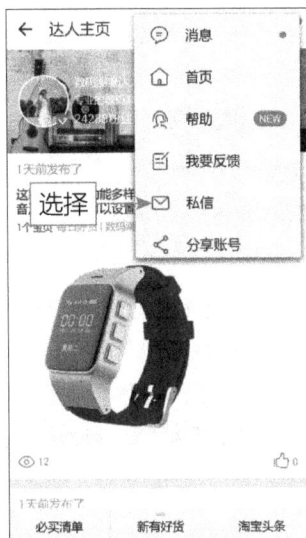

图 8-34　选择"私信"选项

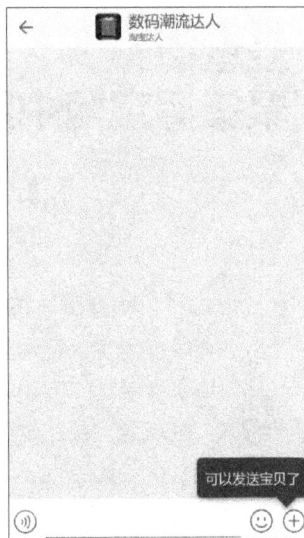

图 8-35　聊天界面

（6）在聊天界面中，点击右下角的 ⊕ 图标，商家还可以发送宝贝、店铺、拍摄照片、图库照片以及个人名片等信息，方便双方进行交流，如图 8-36 所示。

图 8-36　聊天界面支持的扩展信息功能

💡 专家提醒

有好货要求达人所有的内容必须是原创，而且文案撰写需要体现出较强的导购包装能力，并具有一定的美工基础。

第 9 章

爱逛街：
聚集淘宝网中所有最会买的达人

爱逛街与淘宝网的不同之处在于，淘宝网中大部分是以淘宝店家为主，而爱逛街则是以时尚达人为主，其主打用户同样是年轻女性群体，其中张大奕、赵大喜、智乔、余潇潇、兔子小玉、雪梨、元小双、米小仙女等大批网红店主都入驻了该平台，可以说该平台聚集了淘宝网中所有最会买的达人。

>>> 轻松玩转淘宝爱逛街
>>> 轻松玩转爱逛街 APP
>>> 爱逛街的内容营销技巧

9.1　轻松玩转淘宝爱逛街

爱逛街的平台定位是"年轻女性的购物社区"，这里聚集了很多服饰、美妆、家居类淘宝达人，分享他们的"买买买"经验，如图 9-1 所示。

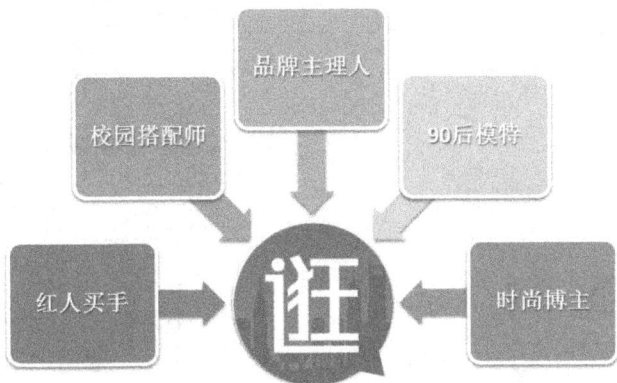

图 9-1　爱逛街中的达人类型

9.1.1　了解爱逛街平台

爱逛街是淘宝为用户推出的一个专注分享和交流的内容电商平台，其 PC 端流量入口放置在淘宝主页中的醒目位置处，如图 9-2 所示。

图 9-2　爱逛街 PC 端流量入口

在手机淘宝端，爱逛街同样位于首页首屏的入口位置（如图 9-3 所示），其流量位居手机淘宝业务的前三名。

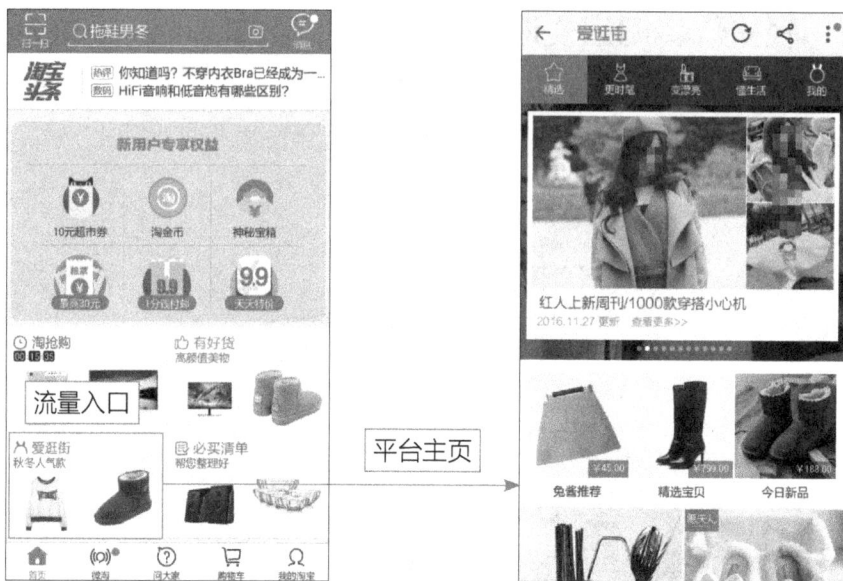

图 9-3　爱逛街手淘端流量入口与其主页

图 9-4 所示为爱逛街的服务人群和产品浮现规则。

爱逛街服务人群

- 18～30岁的年轻用户

爱逛街浮现规则

- 个性化算法＋商品热度

图 9-4　爱逛街的服务人群和产品浮现规则

专家提醒

爱逛街达人的招募标准如下所示。

- 拥有丰富购物经验的淘宝大 V 达人。
- 有明确的定位主营类目，包括服务人群、选品范围等都非常明确。
- 较高的品质、趣味、情操、修养等品位特性。
- 必须具备一定的美工基础，可以对商品图片进行优化处理。
- 必须具备一定的文案包装能力，可以对选品的文案进行优化处理。
- 在爱逛街平台上，不能出现任何不良记录。
- 拥有相关的买手工作经验，或者影响力大的平台认证者优先。

9.1.2 爱逛街推广的作用

商家可以将产品发布到爱逛街平台上，以获得更多的关注度，同时产品也可以被更多精准的消费者发现和购买，极大地增加流量和销量，如图 9-5 所示。

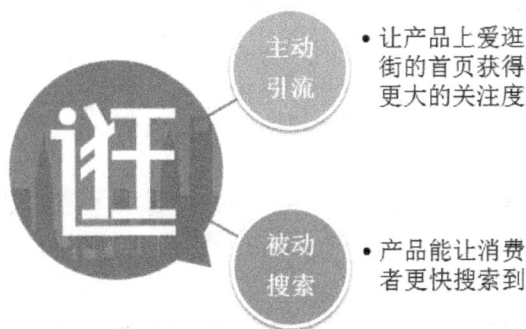

图 9-5 爱逛街推广的作用

9.1.3 快速发布宝贝、照片、视频

要想在爱逛街上面发布内容，首先要加入各种达人频道。在第 5 章已经介绍过频道，它是一种相同风格、兴趣和场景下的不同"街"的聚合。将"街"与频道融合后，达人更新的内容，频道也会同时收录更新这些内容。图 9-6 所示为频道的重点推广位。

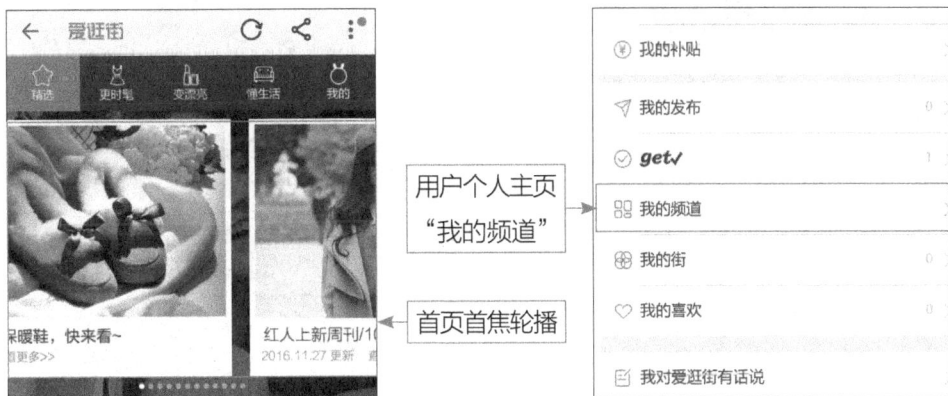

图 9-6 频道的重点推广位

例如，达人擅长与时尚穿搭相关的单品分享，则可以加入"淘女郎"频道。加入成功后，达人在"淘女郎"更新的内容不仅可以直接呈现到频道首页，而且街内优秀的内容会被管理员置顶加精。当然，对于一些不符合规则的内容，管理员也会将其删

除，而且情节严重者会直接被整个"街"踢出频道。

爱逛街的参与流程如图 9-7 所示。

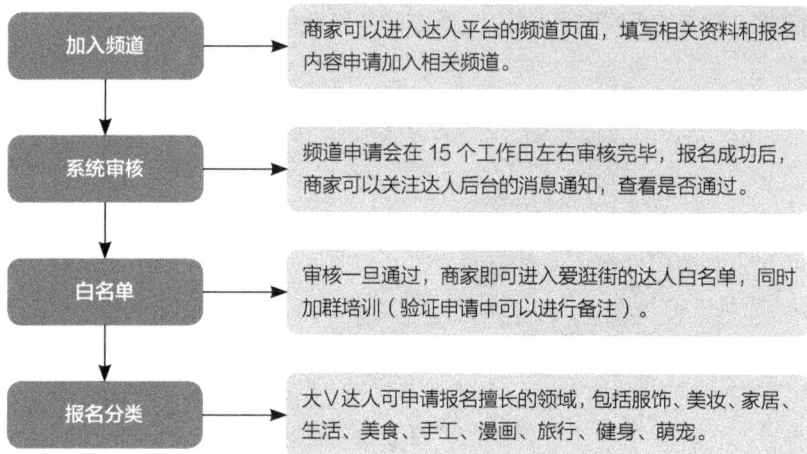

图 9-7　爱逛街的参与流程

加入频道后，即可发布宝贝、照片、视频（需要使用 APP 端发布），并将宝贝加入专辑中。下面介绍发布宝贝的操作方法。

（1）进入"我的爱逛街"界面，点击右下角的 + 号按钮或者"我的发布"按钮，如图 9-8 所示。点击"马上发一个"按钮，如图 9-9 所示。

图 9-8　点击"我的发布"按钮

图 9-9　点击"马上发一个"按钮

（2）执行操作后，即可弹出功能菜单，有"宝贝"和"照片"两个选项，如图9-10

所示。点击"宝贝"按钮，即可在已买到、购物车、收藏夹或者足迹中选择相应商品
来发布（最多8个），如图9-11所示。点击"照片"按钮可以从手机相册中选择相
应的商品图片。

图9-10　选择发布的类型

图9-11　选择商品

（3）选择好要发布的宝贝后，点击"发布"按钮，进入"发布宝贝"界面，输入
相应的推荐文案内容，如图9-12所示。点击"发布"按钮，即可发布宝贝到爱逛街，
如图9-13所示。此时，其他用户可以对该宝贝内容进行评论、点赞等操作。

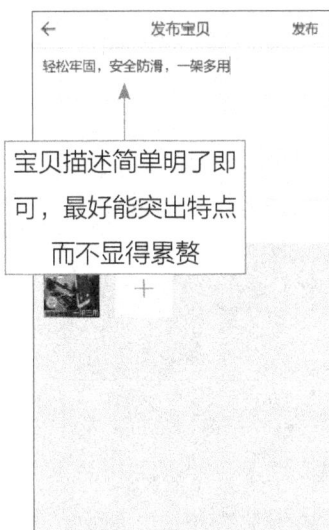

图9-12　输入相应的推荐文案内容

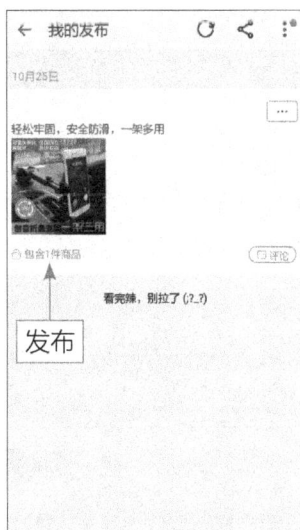

图9-13　发布成功

9.1.4 了解爱逛街的商品内容规则

爱逛街的基本内容要求如下。

（1）**"街"的要求：** "街"的内容与主题和调性必须一致，申请加入频道的"街"内容至少为 20 条，而且需要经常更新。图 9-14 所示为优质好街示范。

图 9-14　爱逛街的参与流程

（2）**"街"里的内容要求：**

- 一看就"种草"的小清单：推荐描述必须在 15 字（含）以上，并至少包括 3 个有主题性的优质宝贝，如图 9-15 所示。

图 9-15　"街"里的内容

- 图文搭配用心设计：图片的主题比较突出，可以体现优质宝贝的特征，数量至少要 3 张。

- 视频内容生动有看点：可以制作一个精美的视频封面来推荐宝贝，时间通常为
  2～3分钟。

另外，对于服饰街、美妆街、家居街3大板块，爱逛街制定了不同的内容标准和
管理规则。图9-16所示为爱逛街穿搭领域KOL内容标准＆管理规则。

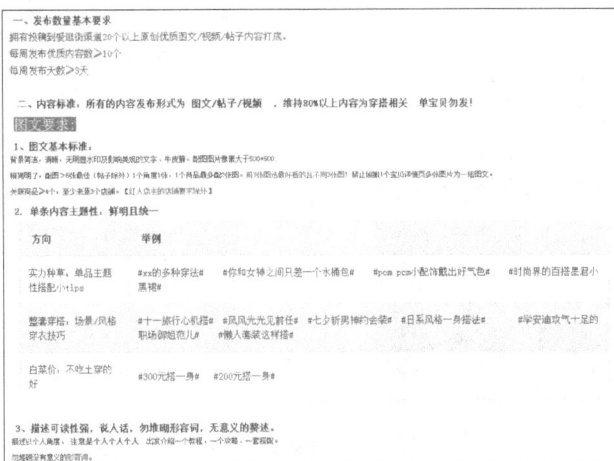

图9-16　爱逛街穿搭领域KOL内容标准＆管理规则

为了提升爱逛街内容的规范性、优质度，对于那些破坏平台氛围、影响平台秩序
的行为，爱逛街也会采取相应的惩罚措施，如图9-17所示。

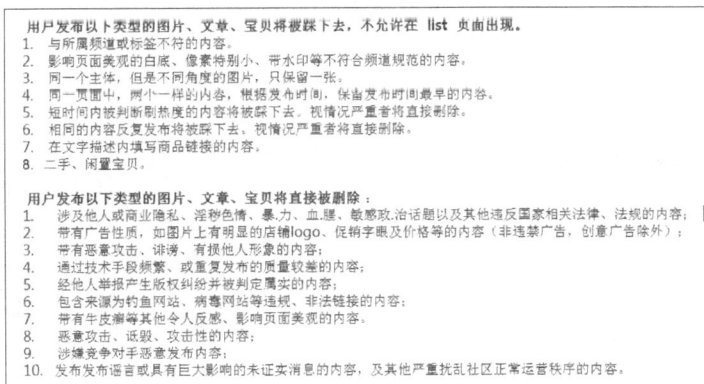

图9-17　爱逛街平台部分行为管理规范

9.1.5　发现并get更多频道

在爱逛街上面用户可以为自己喜欢的宝贝打分，同时也可以上传自己喜欢的宝贝
和别人分享。爱逛街的内容形式与蘑菇街比较类似，用户可以在这里给喜欢的商品打

分，点击 get 按钮（值得买的意思）即可，而且还可以将自己中意的商品上传并分享给其他用户，如图 9-18 所示。

图 9-18　get 并分享商品

另外，用户还可以发现并 get 更多频道。进入"我的爱逛街"界面，点击"我的频道"按钮进入其界面，点击 get 按钮，如图 9-19 所示。进入"发现更多频道"界面，在此可以选择与自己产品相关的频道，如图 9-20 所示。

图 9-19　点击 get 按钮

图 9-20　"发现更多频道"界面

例如，选择"小清新"频道进入其界面，点击"订阅"按钮即可 get 该频道，如图 9-21 所示。执行操作后，即可将该频道添加到"我的频道"中，如图 9-22 所示。

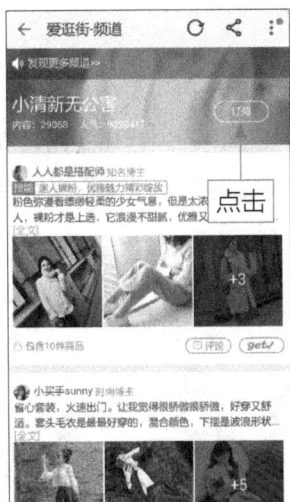

图 9-21 点击"订阅"按钮

图 9-22 get 相应频道

9.1.6 爱逛街全站个性化直推

每当"大促"期间,爱逛街也会在全站进行个性化的直推。例如,在 2016 年"双十一"期间,爱逛街开放了"首焦轮播全量 + 双 11 ka 特刊会场 + 首页瀑布流标签位",更是通过"更时髦""变漂亮""懂生活"三大领域展现平台的流量优势,如图 9-23 所示。对于商家来说,一定要多关注爱逛街平台,把握住这样的机会。

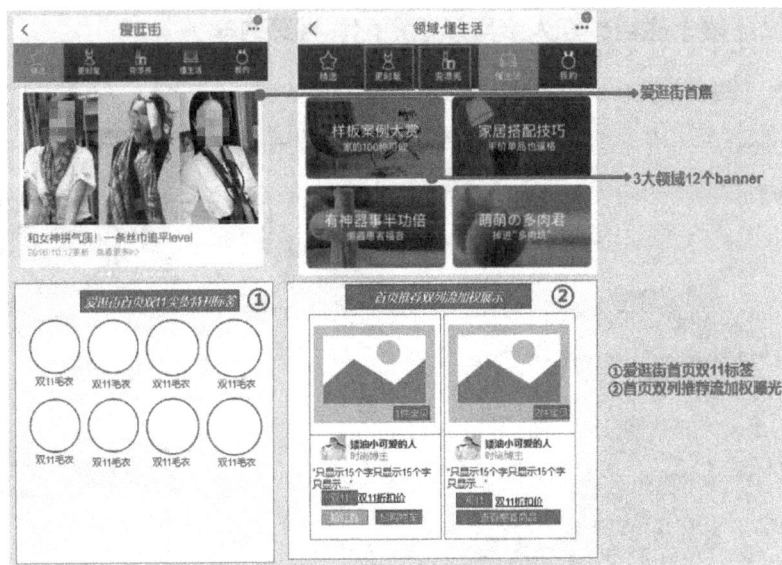

图 9-23 爱逛街双十一推广资源

9.2 轻松玩转爱逛街 APP

爱逛街 APP 的主界面主要由"爱""逛""街""我"以及中间的发布按钮组成，如图 9-24 所示。爱逛街 APP 与蘑菇街、美丽说的内容模式比较类似，达人买手和商家店主们可以在这里发布商品导购信息，向广大网友们推荐自己的宝贝。

图 9-24　爱逛街 APP 主界面

9.2.1 【爱】栏目：红人亲身示范搭配、视频教学

【爱】栏目主要包括一些红人亲身示范的搭配、美妆、美食、家居等与时尚潮品相关的图文内容和视频教学，使达人推荐的内容更加丰富，如图 9-25 所示。

图 9-25　【爱】栏目的内容

9.2.2 【逛】栏目：良心推荐的高颜值好宝贝

【逛】栏目的商品特征更加明显，就像是真的在购物街上逛一样，消费者可以在这里看到很多达人们良心推荐的高颜值好宝贝，如图9-26所示。

图 9-26 【逛】栏目的内容

9.2.3 【街】栏目：分享好物，一起拼单

【街】栏目的重点在于分享和拼单，达人们在不同的"街"中分享各种优质商品，消费者可以通过选择自己喜欢的"街"，进入"街"上找到中意的商品，如图9-27所示。

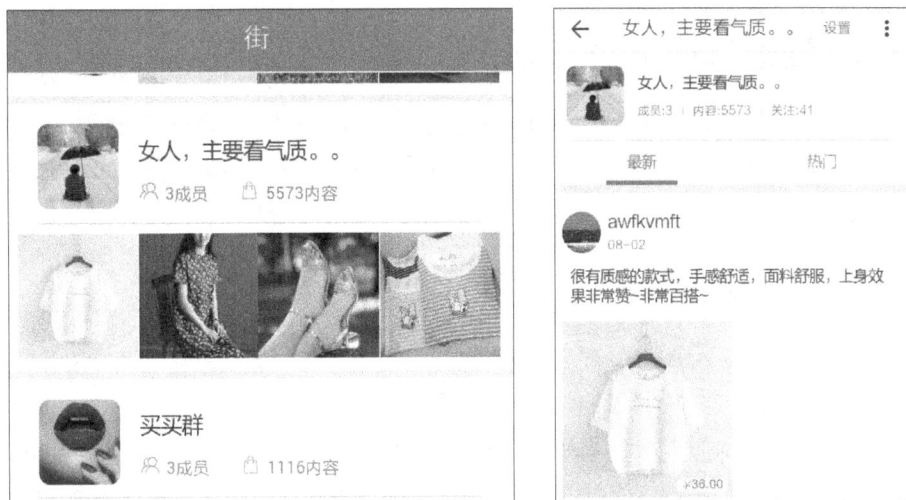

图 9-27 【街】栏目的内容

9.2.4 其他特色栏目功能

了解了爱逛街APP的基本内容特色后，下面再看看其他特色栏目的功能。点击爱逛街APP底部中间的相机图标，可以看到这里发布的内容要比手机淘宝端多了一个"视频"，如图9-28所示，因此喜欢发布视频的达人可以选择此APP来运营内容。

另外，在"我"界面中，可以看到关注的达人动态和推荐宝贝等内容，如图9-29所示。爱逛街的运营重点在于用户的分享和交流，商家要善于利用"爱""逛""街"不同的内容渠道来让更多的消费者看到你发布的宝贝。

图 9-28　发布按钮的 3 个功能

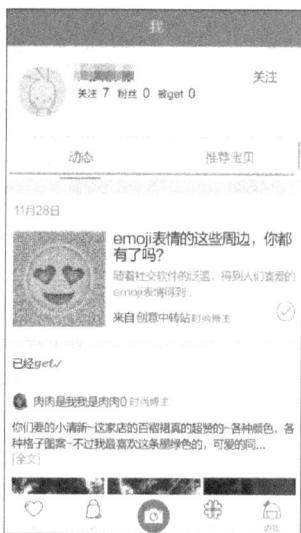

图 9-29　"我"界面

9.3　爱逛街的内容营销技巧

总的来说，只有商家拥有优质的内容，在爱逛街上面才可以获得很高的流量。同时，越多人分享宝贝的话就越能提高商品的展示率，而且能够根据消费者的喜好，为他们主动推荐他们喜欢的商品。

9.3.1 达人选择店铺时有哪些要求

如今，寻找达人帮助店铺推广已经成为淘宝店铺的重要营销方式之一。那么，如何才能找到达人，达人们在选择店铺时又会有什么要求呢？

图9-30所示为达人选择店铺的基本要求。商家可以针对这些要求，发布更加符合达人心意的商品，这样可以更好地促进与达人的合作，从而为店铺带来更多的流量。

| 专辑要求 | → | 商家发布的宝贝需要加入符合主题的专辑,同时内容也要与主题一致。 |

| 图片要求 | → | 内容的读者定位为"20～30岁的年轻女性",因此内容图片需要采用时尚的风格,最好选择年轻有气质的模特来辅助拍摄,保证图片足够清晰,切不可以多图拼接。 |

| 文案要求 | → | 推荐文字的描述需要真实,同时应简要精辟,切不可复制宝贝标题或卖家描述作为推荐文字。 |

| 店铺要求 | → | 发布宝贝的店铺动态评分不低于4.6。 |

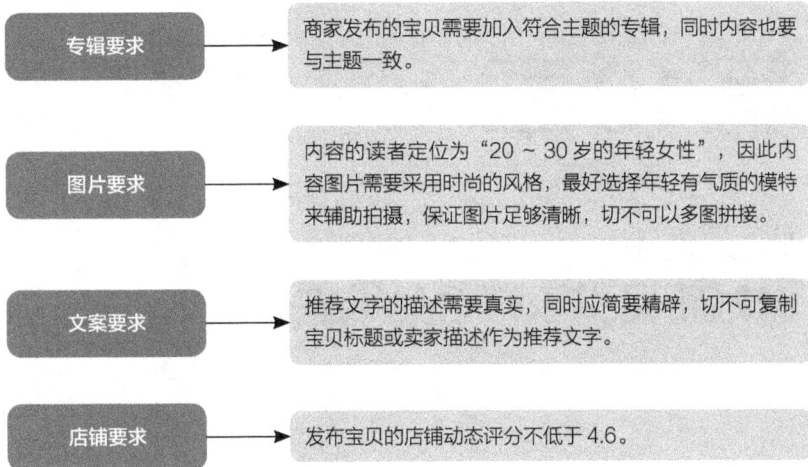

图 9-30　达人选择店铺的基本要求

9.3.2　如何推广才能让宝贝上首页

下面介绍一些爱逛街的内容推广技巧,如图 9-31 所示,帮助商家快速将自己的内容推荐上首页,以获取更多流量和销量。

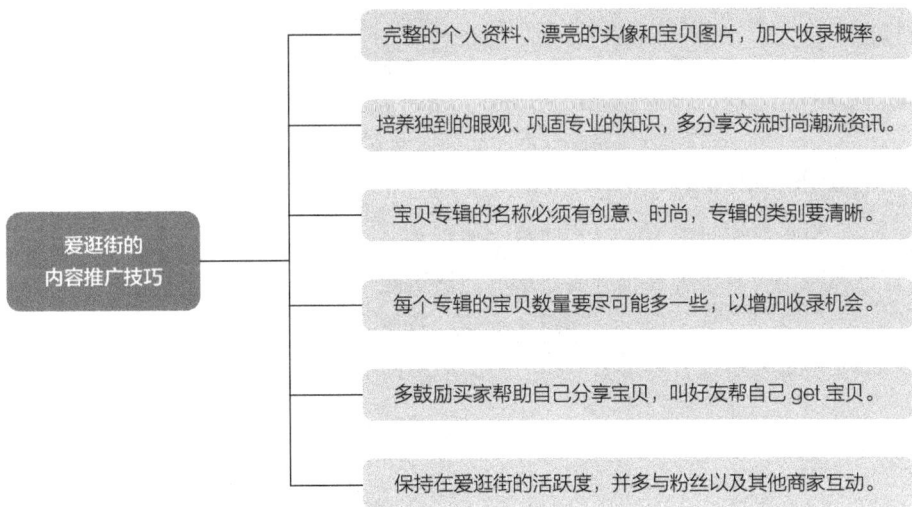

爱逛街的内容推广技巧	完整的个人资料、漂亮的头像和宝贝图片,加大收录概率。
	培养独到的眼观、巩固专业的知识,多分享交流时尚潮流资讯。
	宝贝专辑的名称必须有创意、时尚,专辑的类别要清晰。
	每个专辑的宝贝数量要尽可能多一些,以增加收录机会。
	多鼓励买家帮助自己分享宝贝,叫好友帮自己 get 宝贝。
	保持在爱逛街的活跃度,并多与粉丝以及其他商家互动。

图 9-31　爱逛街的内容推广技巧

第 10 章

必买清单:
做好新品引流和老品维护

面对流量巨大的淘宝达人,淘宝也在不断开发新的入口,以实现内容化、社区化和互动化,更好地满足移动时代的消费需求。必买清单便是其中一个做好新品引流和老品维护的不错入口。

学前提示

要点展示

>>> 必买清单如何报名
>>> 必买清单的内容组成
>>> 必买清单的活动资质

10.1 必买清单如何报名

在淘宝卖家圈中流行着这样一句话："你可以不知道网红，但你一定要知道淘宝达人。"如今，手机淘宝已经占据了全电商平台 80% 的流量，而手机淘宝达人的流量还在不断攀升。

淘宝也在通过不断开发新的平台和渠道，来充分对接达人和商品，让达人们的流量可以真正地变现，必买清单便是在这种环境和需求中诞生的内容电商平台。

10.1.1 必买清单的报名要求

必买清单同样是淘宝面向大 V 达人推出的一个内容电商平台，如图 10-1 所示。

图 10-1 必买清单的流量入口与主页

加入必买清单一般有三条路径，如图 10-2 所示。

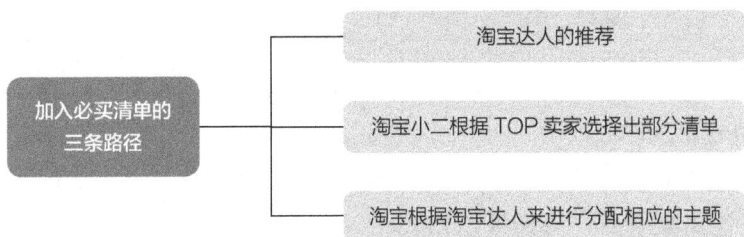

图 10-2 加入必买清单的方法

只要是大 V 或者淘宝达人，都可以在必买清单中提报符合要求的内容，提交审核后进行展示。表 10-1 所示为必买清单具体的报名规则和要求。

表 10-1　必买清单具体的报名规则和要求

清单类型		品类	内容要求	达人创建权限
主题购（清单）	品类清单	单品类	明确细分筛选维度＋单品类	达人不可创建
		跨品类（4 个品类及以上）	明确细分筛选维度＋跨品类	大 V 达人
	场景清单	跨品类（4 个品类及以上）	明确场景＋跨品类	大 V 达人
攻略（帖子）		单品类＆跨品类	攻略清单相比较主题购清单，主要的区别点在于攻略描述和商品卖点说明文案的详尽全面	必须是大 V 达人，且不是黑名单达人，且达人认证身份名称为这些类型：美容专家、造型师、美食家、搭配师、设计师、媒体编辑、专栏作家

必买清单有一定的提报要求：在某个子活动的清单中，商家可以提报店铺内的两款相关商品，当商品的审核通过后，即可出现在相应的清单中。需要注意的是，当前活动审核通过后不可撤销报名。

10.1.2　必买清单的发布条件

在发布清单前，商家或达人需要先了解一下必买清单的发布条件，这样才能增加清单发布的成功率。

（1）清单主题：主要要求如表 10-2 所示。

表 10-2　清单主题的要求

要求	关键点	范例
时效性	季节、社会热点、节日、新品	冬季服饰：羽绒服、雪地靴、保暖内衣
趣味性	明星、星座、网红段子、细分人群	康熙来了：康熙来了美食搜罗
功能性	旅行、装修、待产、烹饪、美容化妆、早教	儿童房装修秘籍爆料

（2）选品方向：

- 店铺要求：信誉等级至少为一钻，描述评分必须在 4.6（含）以上。
- 销量要求：商品的月销量必须超过 10 件。
- 商品图片规格：每个清单列表中至少要有 5 个及以上的纯白底图商品，图片上不能出现水印、促销文案等"牛皮癣"。

（3）**商品数量:** 每个清单的单品数量在 10 ~ 100 个之间,最少要有 3 个店铺,每个商家最多只能显示出 3 个商品,每个品牌最多只能显示出 5 个商品。

（4）**清单顶部描述:** 必须与清单主题相符合,而且要在 30 个字以上。

（5）**顶部 banner:** 图片要美观清晰,可以一眼看出其主题。

（6）**清单商品描述:** 文案要简练有魄力,切忌不可照抄商品标题。

（7）**清单标题:** 字数不能超过 20 个字,标题的主题清晰,而且可以吸引消费者关注,注意标题中不能包含其他无用的信息。

10.1.3 如何申请参与必买清单

必买清单目前采取的是邀请制,只有内容足够优秀,才能够被系统邀请进行投稿。淘宝会根据达人发布的内容质量、引流效果、转化效果等维度,通过算法对达人进行综合打分,保留清单的投稿权限,每日发布清单数量限 10 篇。商家或达人可以通过主题报名和商品报名两种形式申请参与清单。

1. 主题报名

这种方式需要参与者具备很强的图文编辑能力,同时要尽可能挑选一些细分的小主题,如图 10-3 所示。

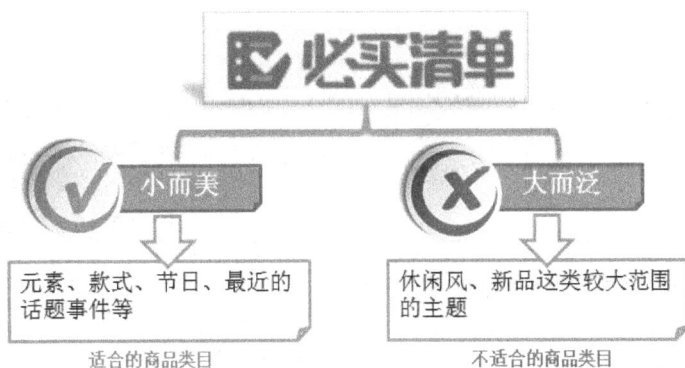

图 10-3　主题报名的要点

另外,对于那些与某个品类相关的主题,报名时则需要到相应的主题区块去,例如女包清单就在"女包区块"报名。当然,如果是混合类目的主题,则需要到混合区块中去报名参与。

2. 商品报名

如果你还没有报名主题的资质,可以试着报名商品的形式来参与清单,也同样可以实现推广商品的效果。商品报名的要求如图 10-4 所示。

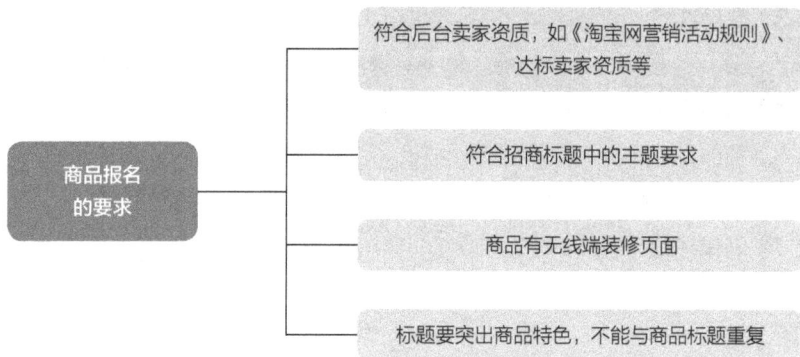

图 10-4　商品报名的要求

如果商家找不到符合自己商品的清单主题，也可以参加清单小组，与优秀的组长多联系沟通共同创造主题。

10.1.4　特殊清单展示的要求

每到节庆活动期间，淘宝都会发布相关的节庆主题，图 10-5 所示为双十一的主题清单。此时，可以发布与这些节庆主题相关的内容，并添加除了"必买清单"外的官方指定标签。如果你的内容足够优质，将有机会被淘宝抽取出来，享受更多的渠道流量。

图 10-5　双十一的主题清单

10.2　必买清单的内容组成

图 10-6 所示为清单的内容组成。本节将分析清单的内容组成各个元素的要点，

帮助大家更好地利用清单来吸引顾客。

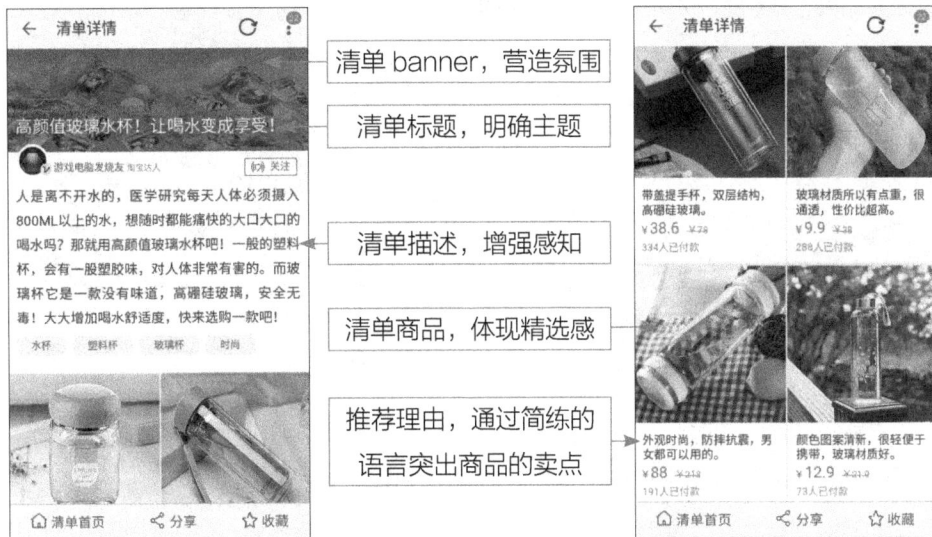

图 10-6　清单的内容组成

10.2.1　精心设计的清单商品图片

另一个要说的内容要求就是清单商品的图片了，基本要求为：正方形、无水印、无 Logo、无多余文字。若图片上有水印的话将无法通过审核。图 10-7 所示为必买清单的图片要求案例。

图 10-7　必买清单的图片要求案例

10.2.2　主题明确的清单标题

主题购清单的标题中间只能使用逗号、句号和感叹号，不能用其他标点符号，同时标题文案还必须符合广告文案规范。图 10-8 所示为必买清单的标题案例，其主题都比较明确，分别为"浪漫范裙"和"雪地靴"。

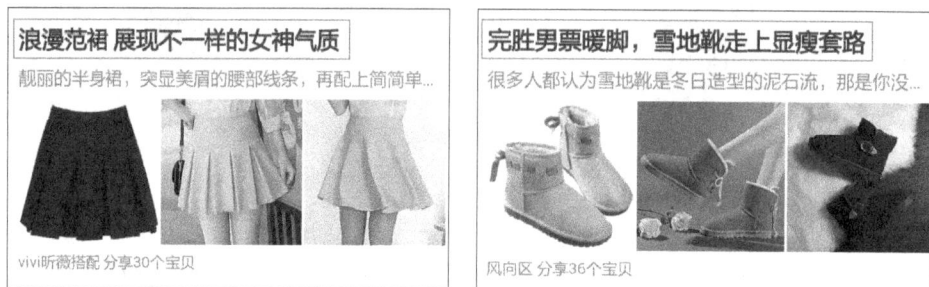

图 10-8　必买清单的标题案例

在构思清单标题时，有一个前提，那就是必须与主题相关，而且还要有吸引力，可以快速抓住消费者眼球，让他们对清单的具体内容产生兴趣。

10.2.3　氛围强烈的清单 banner

清单 banner 的尺寸 750×320，大小不能超过 60KB，同时图片必须符合清单主题且清爽干净，不能出现任何文案、品牌 Logo 和明星等信息。图 10-9 所示为必买清单的 banner 案例。

图 10-9　必买清单的 banner 案例

10.2.4　简单明了的清单描述

清单描述是必填项目，字数一般在30～150之间，不能出现错别字，语句要通顺，同时符合清单主题，可以增强用户对这个主题的感知。图 10-10 所示为必买清单的描述文案。

清单描述内容健康积极，展现潮流热点或网络流行。

清单首页会显示清单描述的前 20 个左右的字，因此编辑描述时一定要重点撰写前几句话，用来抓住用户眼球，强化清单对用户的吸引力。

甜美百褶短裙，演绎日系少女风

今夏打造胸部以下都是腿的嚣张姿态，怎能少了百褶...

每日女装搭配 分享40个宝贝

甜美百褶短裙，演绎日系少女风

每日女装搭配 达人   关注

今夏打造胸部以下都是腿的嚣张姿态，怎能少了百褶短裙！它风琴褶般优雅的褶皱，以及展露性感双腿的迷人功力，都让爱时尚的女生爱不释手；而今季流行的无论是半身裙还是连衣裙，百搭出众的款式，精彩的颜色设计，都会让你呈现出日系美少女的傲娇姿态，简直美的一塌糊涂哦，速速围观吧。

女生	美少女	短裙	半身裙
连衣裙	日系	甜美	少女风
百褶			

图 10-10　必买清单的描述文案

最后，必买清单的文案内容还需要符合广告法文案规范，如图 10-11 所示。另外，不要使用一些空泛、无意义的文案内容，这样会降低商品推荐的可信度，以及清单的可读性和通过率。那么什么样的内容比较容易吸引用户呢？当然是那些建立在满足用户需求上的内容更加吸引人，因此，商家必须使自己设计的清单内容与用户需求信息保持一致，这样才能达到预想的转化效果。

广告法文案规范

1. 《广告法》及监管部门明令禁止使用的：最高级、国家级、最佳、顶级、极品、第一品牌、绝无仅有、顶尖、万能、第一、最低、销量+冠军、抄底、最具、最高、全国首家、极端、首选、空前绝后、绝对、最大、世界领先、唯一、巅峰、顶峰、最新发明、最先进等；

2. 涉及政党相关内容：不得使用或者变相使用中华人民共和国国旗、国徽、国歌、军旗、军徽、军歌；不得使用或者变相使用国家机关和国家机关工作人员的名义或形象；

3. 不得使用xx明星同款等文案；

4. 不得含有淫秽、色情、赌博、迷信、恐怖、暴力的内容；也不得含有民族、种族、宗教、性别歧视的内容；

5. 医疗、药品、医疗器械、保健食品广告不得利用广告代言人做推荐、证明；不能利用未满十周岁的未成年人做广告代言人；

图 10-11　广告法文案规范

10.2.5 突出卖点的推荐理由

商品的推荐理由最好控制在 20 个字以内，只要能突出商品的卖点即可，但需要注意不与商品标题一模一样，否则会显得太过直白，如图 10-12 所示。

秋冬韩版半高领显瘦针织衫	柔软舒适 简约时尚 经典百搭
￥39.9 ￥108	￥39.9 ￥199
10.9万人已付款	7.4万人已付款

新生儿哈衣爬行服，冬天也不停止活动	秋冬新生儿纯棉加厚地板袜
￥59 ￥149	￥6.5 ￥9.9
9893人已付款	2.4万人已付款

图 10-12 比较简约的商品推荐理由

💡 专家提醒

必买清单的标签有两种形式，即必选和可选，如图 10-13 所示。

（1）必选标签：主要是指商品的属性标签，包括品类、颜色、款式、品牌、风格、元素、材质、图案等与商品属性相关的标签。

（2）可选标签：包括人群、场景、地域、时节和热点 5 种标签。

每个清单最多只能打上 8 个标签，因此一定要保证标签的准确度。

必选	可选				
品类/属性	人群	场景	地域	时节	热点
羽绒服	中老年	年会	西藏	春节	琅琊榜
韩版	儿童	相亲	东北	愚人节	雾霾
纯棉	男	派对		春季	双十一
长款	女	海边度假			
绿色	OL	滑雪			
羊绒	少女	户外徒步			
原单	宅男	坐月子			
流苏	极客	待产			
动物	网红	户外拓展			
九分袖	海淘族	春节拜年			
圆领	10后	亲子游			
PRADA	00后	踏青			

图 10-13 必买清单的标签

10.3 必买清单的活动资质

必买清单活动并不是任何商家和商品都可以参与的，它对于店铺、商品和商品所在类目有一定的资质要求，本节将介绍详细的情况。

10.3.1　对店铺的要求

店铺应符合淘宝天猫营销新七条，即《淘宝网营销活动规则》（以下简称《淘宝规则》），具体内容如下：

1. 近半年店铺非虚拟交易的 DSR 评分三项指标分别不得低于 4.6（开店不足半年的自开店之日起算）；

2. 除虚假交易外，《淘宝规则》规定的一般违规行为扣分满 12 分或 12 分的倍数之日起限制参加所有营销活动 90 天。因虚假交易被违规扣分达 48 分及以上的卖家及商品，永久限制参加营销活动；其他因虚假交易被违规处理的卖家及商品，限制参加营销活动 90 天；

3. 近一个月人工介入退款成功笔数占店铺交易笔数不得超过 0.1%，或笔数不得超过 6 笔（数码类卖家不得超过 4 笔）；

4. 除出售假冒商品外，《淘宝规则》规定的严重违规行为扣分满 12 分或 12 分的倍数之日起限制参加本自然年度内所有营销活动；因出售假冒商品被违规扣分达 24 分及以上的，永久限制参加营销活动；因出售假冒商品被违规扣分达 12 分以上 24 分以下的，限制参加本自然年度内所有营销活动；

5. 因各种违规行为而被搜索全店屏蔽的卖家，在屏蔽期间内限制参加营销活动；

6. 卖家不得存在《淘宝规则》中限制参加营销活动的其他情形；

7. 上述标准中，特殊类目及淘宝网特定官方营销活动另有规定的遵从其规定。

补充说明：

般违规行为：是指《淘宝规则》中规定的一般违规行为，包括：虚假交易、滥发信息、描述不符、违背承诺、竞拍不买、恶意骚扰、不当注册、未依法公开或更新营业执照信息、不当使用他人权利、恶意评价（淘宝网）。

严重违规行为：是指《淘宝规则》中规定的严重违规行为，包括：发布违禁信息、盗用他人账户、泄露他人信息、骗取他人财物、扰乱市场秩序、不正当谋利、出售假冒商品、假冒材质成分（天猫）、出售未经报关进口商品（天猫）、发布非约定商品（天猫）。

必买清单商品对于对店铺的开店时长要求如下所示。

- 集市店铺要求超过 90 天。
- 天猫店铺要求超过 30 天。

必买清单商品对于店铺的月成交支付宝金额要求如下所示。

- 集市店铺的月成交支付宝金额不低于 1 万元。
- 天猫店铺的月成交支付宝金额不低于 3 万元。

10.3.2　对商品的要求

必买清单中不允许出现同 SPU（Standard Product Unit，标准化产品单元）的商品。加入必买清单的商品必须与清单主题相匹配，不能只是简单的商品堆砌，而要具有一定的精选感，让用户一看就能感觉这些商品是经过商家精挑细选整理出来的。

服装、鞋包、装饰等非标品类是比较适合在必买清单中发布的商品类型，而且该平台具有极强的调性，同时采用双列商品样式具有不错的"可逛"性。

10.3.3　对商品所在类目的要求

商家还需要了解必买清单的内容定位，这样才能更快地通过淘宝审核，使商品在清单中得以展现。

"细分需求下的泛场景购物指南"是淘宝必买清单的整体内容定位；同时，主题购清单的内容定位如图 10-14 所示。

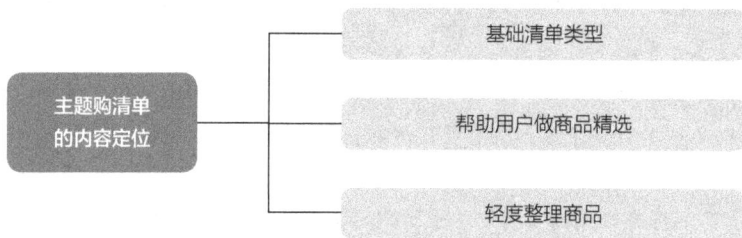

图 10-14　主题购清单的内容定位

必买清单的商品需要做好用户群体定位，例如，高跟鞋、儿童鞋这些鞋类商品还需要进行类目细分，分别创建不同的清单，如图 10-15 所示，定位必须清晰。

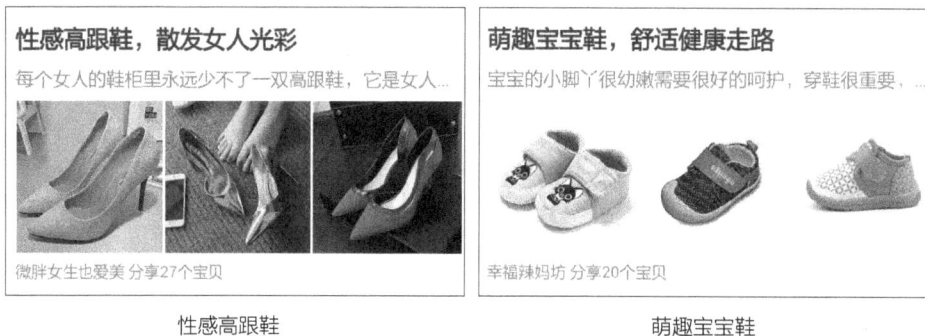

性感高跟鞋　　　　　　　　　　萌趣宝宝鞋

图 10-15　鞋类细分的清单案例

第 11 章

红人淘：
网络红人们带你去逛街淘宝

早在 2013 年 4 月，阿里巴巴就通过其全资子公司以 5.86 亿美元入股新浪微博，这也是阿里巴巴在社交平台上最大的一笔投入，当然微博在流量入口给电商平台提供的流量支持也是十分巨大的。"红人淘"便是在这种背景下，由新浪微博和淘宝联合推出的一个移动购物社区分享平台。

学前提示

要点展示

>>> 红人淘的基本使用方法
>>> 轻松玩转红人淘 APP
>>> 红人淘如何发布内容

11.1 红人淘的基本使用方法

"红人淘"平台结合了微博与淘宝双方的优势资源，为用户带来有价值的电商内容，如图 11-1 所示。

图 11-1 "红人淘"平台的优势

11.1.1 下载与安装红人淘 APP

目前用户可选的下载红人淘 APP 的方式较多，图 11-2 所示为 6 种常见的 APP 下载方式。

图 11-2 6 种常见的红人淘 APP 下载方式

对于大多数用户而言，如果手机上已下载手机助手平台，那么选择通过手机助手平台来下载红人淘 APP 是最简单、快捷、安全的下载方式，而且下载完成后会自动安装，可以省下不少功夫。图 11-3 所示为使用联想乐商店下载与安装红人淘 APP。

图 11-3 下载与安装红人淘 APP

11.1.2 注册与登录红人淘 APP

图 11-4 所示为红人淘 APP 的"账号登录"界面，用户可以通过微博、微信、淘宝、QQ 等社交账号直接登录。另外，还可以点击右上角的"注册"按钮进入"注册账号"界面，通过手机号即可注册新账号，如图 11-5 所示。

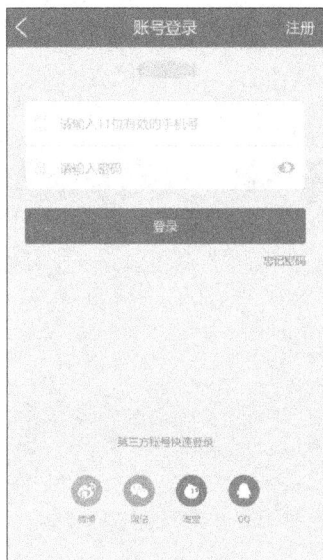

图 11-4　"账号登录"界面　　　　图 11-5　"注册账号"界面

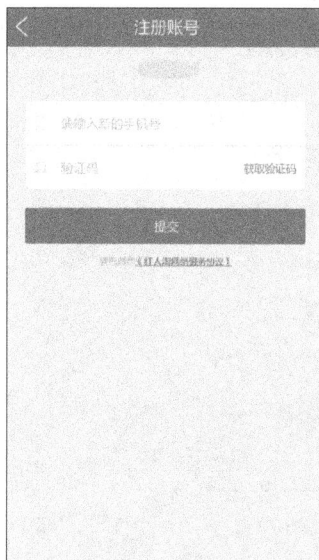

11.1.3 红人淘 APP 的相关设置

对于入驻红人淘 APP 的商家来说，首先需要设置好 APP 的相关权限，这样既可以提升店铺账号的安全性又便于管理用户。

1. 设置密码

进入"个人中心"界面，点击"设置密码"选项，如图 11-6 所示。进入"设置密码"界面，如图 11-7 所示，依次输入当前密码、新密码等，点击"提交"按钮即可设置红人淘 APP 的密码。

2. 通知设置

"通知设置"界面主要包括关注、喜欢和评论 3 个选项，商家可以根据需要开启和关闭这些通知功能，如图 11-8 所示。

3. 好友管理

在"我的好友"界面，用户可以看到已经关注的红人店主，同时还可以导入微博好友、通讯录好友、微信好友、QQ 好友、朋友圈等社交平台的用户，为店铺导流，如图 11-9 所示。

图 11-6 "个人中心"界面

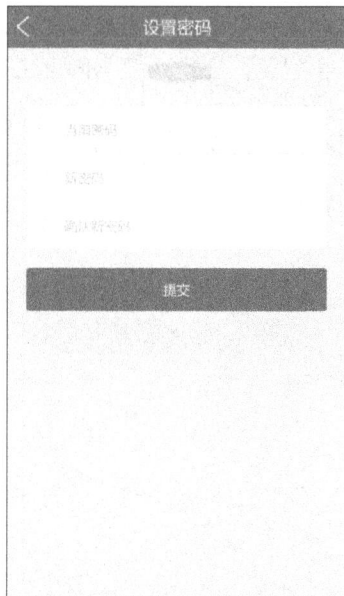

图 11-7 "设置密码"界面

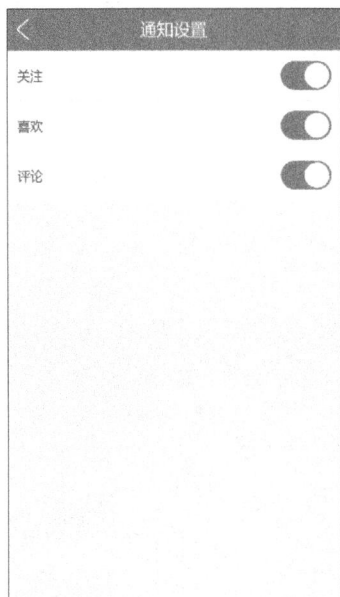

图 11-8 "通知设置"界面

图 11-9 "我的好友"界面

4. 账号绑定

在"账号绑定"界面，用户可以绑定微博账号、微信账号、淘宝账号和 QQ 账号，将社交账号和电商平台账号集合在一起，如图 11-10 所示。

5. 其他设置

在"设置"界面中，包括"关于我们""服务协议""清理缓存""检查更新"和"退出登录"等选项，如图 11-11 所示。

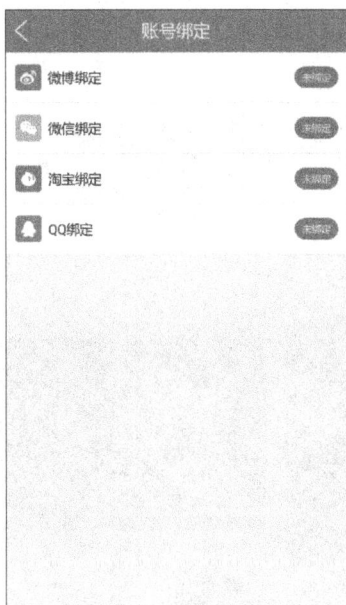

图 11-10　"账号绑定"界面

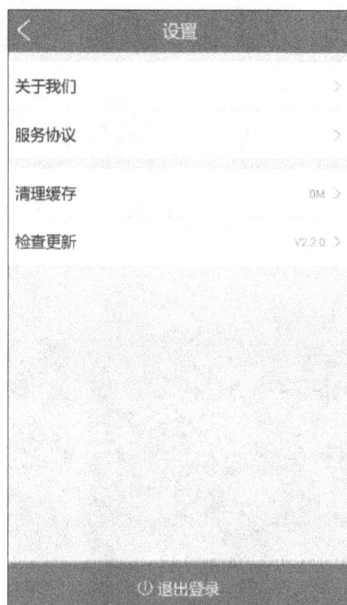

图 11-11　"设置"界面

11.2　轻松玩转红人淘 APP

了解红人淘 APP 的下载安装和基本设置后，接下来即可使用红人淘的各种营销功能，来增加店铺流量。

11.2.1　添加关注与标签功能

首次进入时，用户会受到系统的推荐关注，可以选择自己喜欢的红人来关注，即可在首页中查看他们发布的内容信息，如图 11-12 所示。

"红人淘"的标签功能比较特殊，用户可以点击"喜欢"按钮将喜欢的红人和内容全部标出，便于查看与跟踪红人们的动态，如图 11-13 所示。

图 11-12　添加关注

图 11-13　"红人淘"的标签功能

11.2.2　评论与分享内容

红人淘的每条动态内容下方都有 3 个功能按钮： 43　分享　105，分别是评论、分享和点赞，如图 11-14 所示。点击 按钮，即可进入"评论列表"界面，如图 11-15 所示，在下方的"评论"文本框中可以输入需要的评论内容，点击"发送"按钮即可发表评论。

图 11-14　功能按钮

图 11-15　"评论列表"界面

商家也可以与红人合作，让他们帮助进行商品推广。此时就需要利用好分享功能，积极调动粉丝的分享积极性。

在内容下方点击"分享"按钮，可以将内容分享到微博、微信、朋友圈、QQ、QQ 空间等社交平台，也可以通过短信、复制链接等形式分享内容，如图 11-16 所示。图 11-17 所示为将内容分享的朋友圈。商家或红人可以通过红人淘的分享功能将电商内容传播到社交网络上，吸引更多的用户进行关注。

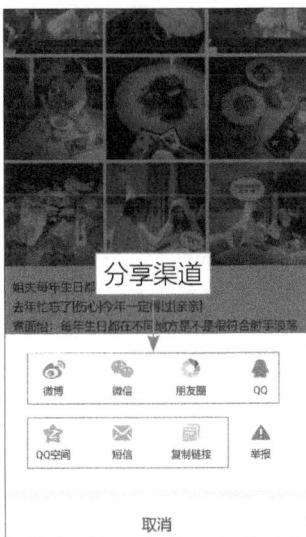

图 11-16　分享渠道

图 11-17　将内容分享的朋友圈

网络红人们一般都有专业的审美观、丰富的购物经验，他们将这些功能打造成内容来吸引粉丝关注，不但可以帮助用户花更少的钱、更短的时间淘到更好的东西，同时也可以为商家带来更多更精准的流量。

11.2.3 签到：签到得积分

在红人淘 APP 的主界面，有一个"签到"按钮，点击该按钮可以签到获得积分，如图 11-18 所示。用户也可以开启"签到提醒"功能，不错过签到日期。

图 11-18 "签到"功能

11.2.4 抽奖：小积分抽大奖

签到赢得的积分可以进行抽奖，点击主界面中的"抽奖"按钮进入"每日抽奖"界面，有积分的用户可以点击"开始刮奖"按钮，如图 11-19 所示。

用户还可以通过分享获得一次免费抽奖的次数，奖品包括保温杯、小浪人、微博会员卡、大眼睛靠枕、微博背包以及积分等。

签到获得积分，而积分可以兑换抽奖次数，这些营销活动能够极大地刺激粉丝的参与热度，激发他们持续关注红人淘 APP，提升用户黏性，最终增加品牌及活动的曝光度。

图 11-19　"抽奖"功能

11.2.5　逛街：查看热门用户

　　红人可以在"红人淘"中发布商品或图集，用户在"逛街"界面中看到喜欢的内容后，即可点击查看专题详情，如果想购买图片中的商品只需点击图片即可进入"商品详情"页面去支付购买，如图 11-20 所示。

在"逛街"界面可以选择不同店铺

在店铺中，可以看到主题内容，以及相关的商品图片链接

点击图片即可进入购买界面，下单支付

图 11-20　"逛街"功能

11.3 红人淘如何发布内容

红人淘虽然是微博推出的 APP，但它更多地继承了淘宝的属性，甚至与手淘上的爱逛街有些类似。当然，红人淘更多的优势在于，其中聚集了拥有大量粉丝的红人，他们可以通过这个电商平台快速实现内容变现。在红人淘 APP 中，红人店主可以发布商品、图集以及视频等内容形式，本节将介绍具体的方法。

11.3.1 淘宝贝：发布商品

点击红人淘 APP 底部中间的相机图标 ⦿，如图 11-21 所示，弹出两个菜单按钮，点击"发布商品"按钮，如图 11-22 所示。

图 11-21 点击相机图标

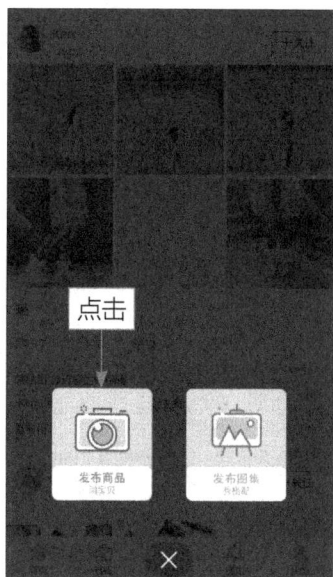

图 11-22 点击"发布商品"按钮

之后选择相应的商品图片，点击"下一步"按钮，如图 11-23 所示。然后输入需要的推荐描述，并设置标签、分享途径、淘宝店铺地址、标题、价格等选项，点击"发布"按钮即可，如图 11-24 所示。

如果用户有独立创作的能力或者拥有独家授权的内容，又或者有丰富的导购经验，或擅长搭配，或有个性，或有品位，或有颜值，都可以入驻红人淘发布内容，利用微博这个拥有庞大粉丝的社交平台为淘宝店铺引流。

图 11-23　选择商品图片

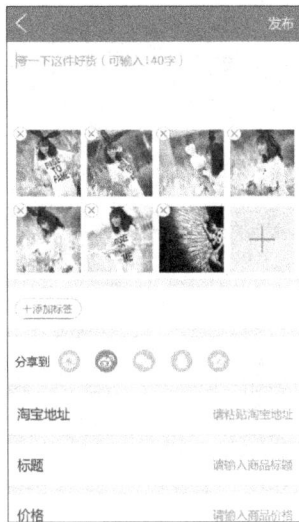

图 11-24　设置商品选项

11.3.2　秀搭配：发布图集

发布图集的操作方法与商品比较类似，点击相机图标 弹出发布按钮后，点击"发布图集"按钮，之后可以进入"选择照片"界面选择相应照片（最多添加9张），或者点击"拍摄照片"按钮现场拍摄照片，如图 11-25 所示。

照片选好后，点击"下一步"按钮，输入相应的推荐描述，并设置标签和分享渠道，点击"关联商品"按钮，如图 11-26 所示。

图 11-25　选择照片

图 11-26　点击"关联商品"按钮

　　进入"关联商品"界面，选择相应的商品，可以选择自己发布过的商品也可以选择其他红人发布的商品，注意商品和内容、推荐描述等都必须有关联，如图 11-27 所示。点击"确认"按钮，即可关联商品，点击"发布"按钮即可发布图集，如图 11-28 所示。

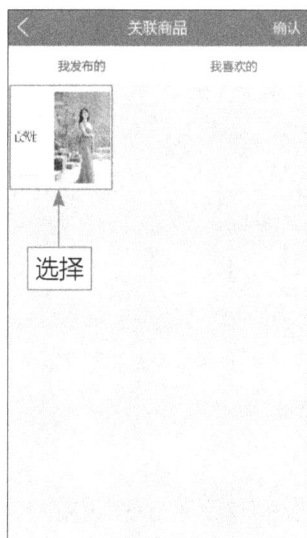

图 11-27　选择相应的商品

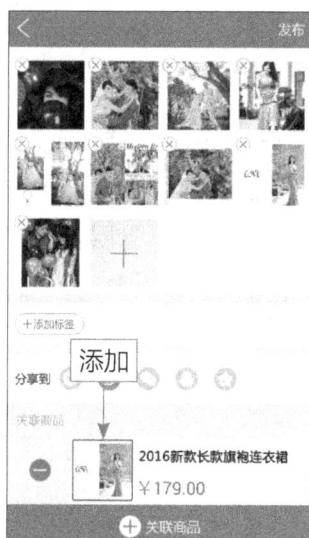

图 11-28　关联商品

从 运 营 流 量 到 运 营 内 容

ISBN 978-7-115-45131-6

9 787115 451316 >

ISBN 978-7-115-45131-6

定价：55.00 元

分类建议：经管/电子商务；经管/电商运营
人民邮电出版社网址：www.ptpress.com.cn